Markenkommunikation kompakt

Dominik Pietzcker

Markenkommunikation kompakt

Aktuelle Markenführung im Spannungsfeld von Wirtschaft und Wertewandel

Dominik Pietzcker
Macromedia Hochschule
Hamburg, Deutschland

ISBN 978-3-658-44572-0   ISBN 978-3-658-44573-7 (eBook)
https://doi.org/10.1007/978-3-658-44573-7

Die Deutsche Nationalbibliothek verzeichnet diese Publikation in der Deutschen Nationalbibliografie; detaillierte bibliografische Daten sind im Internet über https://portal.dnb.de abrufbar.

© Der/die Herausgeber bzw. der/die Autor(en), exklusiv lizenziert an Springer Fachmedien Wiesbaden GmbH, ein Teil von Springer Nature 2024

Das Werk einschließlich aller seiner Teile ist urheberrechtlich geschützt. Jede Verwertung, die nicht ausdrücklich vom Urheberrechtsgesetz zugelassen ist, bedarf der vorherigen Zustimmung des Verlags. Das gilt insbesondere für Vervielfältigungen, Bearbeitungen, Übersetzungen, Mikroverfilmungen und die Einspeicherung und Verarbeitung in elektronischen Systemen.
Die Wiedergabe von allgemein beschreibenden Bezeichnungen, Marken, Unternehmensnamen etc. in diesem Werk bedeutet nicht, dass diese frei durch jedermann benutzt werden dürfen. Die Berechtigung zur Benutzung unterliegt, auch ohne gesonderten Hinweis hierzu, den Regeln des Markenrechts. Die Rechte des jeweiligen Zeicheninhabers sind zu beachten.
Der Verlag, die Autoren und die Herausgeber gehen davon aus, dass die Angaben und Informationen in diesem Werk zum Zeitpunkt der Veröffentlichung vollständig und korrekt sind. Weder der Verlag noch die Autoren oder die Herausgeber übernehmen, ausdrücklich oder implizit, Gewähr für den Inhalt des Werkes, etwaige Fehler oder Äußerungen. Der Verlag bleibt im Hinblick auf geografische Zuordnungen und Gebietsbezeichnungen in veröffentlichten Karten und Institutionsadressen neutral.

Planung/Lektorat: Angela Meffert
Springer Gabler ist ein Imprint der eingetragenen Gesellschaft Springer Fachmedien Wiesbaden GmbH und ist ein Teil von Springer Nature.
Die Anschrift der Gesellschaft ist: Abraham-Lincoln-Str. 46, 65189 Wiesbaden, Germany

Das Papier dieses Produkts ist recycelbar.

*Ein positives Image ermöglicht einer Marke alles.
Ein negatives Image hingegen macht alles unmöglich.*

Michel Guten

Vorwort

Produkt- und Unternehmensmarken sind aus dem täglichen Konsum- und Freizeitverhalten der Menschen in der industrialisierten und globalisierten Welt nicht mehr wegzudenken. Ob Kleidung oder Essen, Mobilität oder Unterhaltung, Kosmetik oder Geldanlage – stets und ständig folgen unsere Entscheidungen einer Mischung aus Informationen und Emotionen, die das Ergebnis von zielgerichteter Kommunikation und Markenarbeit sind.

Doch wie gelingt es, ein konzises Markenbild in den Köpfen der Verbraucherinnen und Verbraucher zu entwerfen? Und: Wie lassen sich Marken aus Sicht des Managements *führen*, d. h. intentional in eine Richtung lenken?

Genau dies sind die zwei Leitfragen des vorliegenden Buches. Dabei geht es in erster Linie um ein pragmatisch-technisches Verständnis von Markenarbeit und Markenführung unter kommunikativen Gesichtspunkten. Dies betrifft insbesondere ästhetische Fragen des Markenbildes, psychologische Aspekte der Informationsvermittlung und Meinungsmanipulation, sowie technische Gegebenheiten der Mediennutzung im digitalen und analogen Raum.

Markenführung im ökonomischen Sinn ist zudem eng mit der Werbe- und Kommunikationsindustrie verwoben. Verkaufsstrategien im Massenmarkt sind dabei ebenso zu berücksichtigen wie die emotionalisierte individuelle Kundenansprache. Marken, die sich als Lieferanten gegenüber anderen Unternehmen positionieren, verfolgen eine andere Strategie als Verbrauchermarken, die den Massenmarkt ins Auge fassen. Die Nähe zum Marketing, verstanden als eine praxisorientierte Verkaufsstrategie, wird in den folgenden Kapiteln des Häufigeren ausgeführt. Markenkommunikation und -führung folgen einem streng ökonomischen Kalkül, welches an individuelle und institutionelle Kaufentscheidungen gebunden ist.

Ebenso gehören Aspekte des Erscheinungsbildes (Design) und des Selbstverständnisses des Unternehmens (Corporate Identity) zur Markenführung. Ähnlich wie ihre Produkte können auch Unternehmen als eigene Marken entworfen werden.

Gerade weil Marken Bestandteil unseres Lebensalltages sind, ist ein distanzierter und analytischer Blick wichtig, um die ihnen unterlegten Konzepte, Strategien und Intentionen zu verstehen. Markenbilder sind in erster Linie das Ergebnis zugleich zielgerichteter und vielfältiger Kommunikation. Techniken der Massenkommunikation werden angewandt, um Konsumgewohnheiten und Kaufpräferenzen in die aus Unternehmenssicht wünschenswerte Richtung zu lenken. Markenkommunikation ist also primär Ausdruck von Markenkonkurrenz. Die Arena der Wettbewerber sind bis heute die Massenmedien.

Durch Digitalisierung und Globalisierung sind die Techniken der Markenkommunikation auf dem Vormarsch und erfassen immer größere Bereiche des Alltags. Menschliche Existenz wird zunehmend kommerzialisiert. Mittlerweile werden immer stärker die Limitationen und ethischen Grenzen der Markenkommunikation und des Massenkonsums diskutiert. Auch diese Kritik, ob berechtigt oder nicht, wird im letzten Kapitel des Bandes thematisiert.

Wo immer es grammatikalisch möglich und sprachästhetisch vertretbar ist, wird eine genderneutrale Schreibweise verwendet.

Viel Freude bei der Lektüre!

Dominik Pietzcker

Inhaltsverzeichnis

1	**Grundfragen der Markenführung**	1
1.1	Marke und „Brand"	1
1.2	Markenführung als Kommunikationstechnik	6
1.3	Rechtliche Aspekte des Markenbegriffs	9
1.4	Ökonomische, soziologische und psychologische Dimensionen des Markenbegriffs	13
1.5	Markenvertrauen	17
	Literatur	21
2	**Markenmodelle und -strategien**	23
2.1	Identitätsbasierte Markentechnik	23
2.2	Markenmodelle und Markenarchitekturen	28
2.3	Integrierte Unternehmenskommunikation	32
	Literatur	37
3	**Produkt und Marke**	39
3.1	Identifizierungsmerkmal und Qualitätsversprechen	40
3.2	Handelsmarken	42
3.3	Luxusmarken und -produkte	45
3.4	B-to-B-, B-to-G- und B-to-C-Marken	51
3.5	Medien als Produkt und Marke	55
	Literatur	59
4	**Die Unternehmensmarke**	61
4.1	Das Unternehmen als Marke	62
4.2	Markentradition	67
4.3	Unternehmensmarke und Unternehmenskultur	71

	4.4	Das Unternehmen als Arbeitgeber (Employer Brand)	77
	4.5	Corporate Identity	81
		Literatur	85
5	**Marketing, Werbung und Markendesign**		87
	5.1	Marke und Produktdesign	87
	5.2	Packaging und Point of Sale	92
	5.3	Werbung und Marken-PR	96
	5.4	Marke und Events	101
	5.5	Zur Rolle der Marktforschung	104
		Literatur	106
6	**Medien und Marke**		107
	6.1	Digitalisierung und Medienwandel	107
	6.2	Dialogische Formen der Markenkommunikation	112
	6.3	Disruption und Marke	114
		Literatur	116
7	**Spezielle Anwendungen des Markenbegriffs**		119
	7.1	Nation Branding	120
	7.2	Destinationsmarketing	123
	7.3	Kunst und Markenführung	126
	7.4	Das Individuum als Marke	129
	7.5	Authentizität und Nachhaltigkeit: ethische Aspekte der Markenführung und -kommunikation	131
		Literatur	134
8	**Spezielle Anwendungen des Markenbegriffs**		137
	8.1	Fazit	137
Literatur			141

Grundfragen der Markenführung 1

> **Zusammenfassung**
>
> Der Markenbegriff blickt auf eine historische Entwicklung zurück, die auf die Anfänge des kapitalistischen Wirtschaftsmodells im angelsächsischen Raum verweist und noch immer spürbar sind. Markenzeichen sind Ausdruck von Herkunft und Besitzverhältnissen. Markenkommunikation bewegt sich daher innerhalb eines rechtlichen Rahmens (z. B. Marken- und Patentschutz), der einmal erlangte Positionen auch juristisch sichern kann. Hier gilt gerade nicht *anything goes*. Im modernen Sinne sind Warenproduktion, Produktkommunikation, Kaufverhalten und die Rolle des Konsums vor allem auch sozioökonomische Phänomene, die mit Mitteln der empirischen Sozialforschung analysiert werden können. Der Begriff des „Vertrauens" erweist sich in seiner Anwendung auf den Konsum als soziologischer und psychologischer Fundamentalbegriff. Markenkommunikation ist daher primär der Versuch, das Vertrauen der Marktteilnehmer zu gewinnen und möglichst dauerhaft zu halten.

1.1 Marke und „Brand"

Die Idee, Produkte zu markieren und dadurch wiedererkennbar zu machen, ist keine Erfindung der Moderne. Sie entstand schon früh aus dem Wunsch, beliebige Waren aus ihrer Anonymität herauszuheben und ihnen dadurch die Aura des Singulären zu verleihen.

Ursprünglich ist die Marke (engl. „brand") ein Kennzeichen der Herkunft und des Besitzverhältnisses. US-amerikanische Viehherdenbesitzer markierten ihren Tierbestand mit einem Brandzeichen als Symbol des Eigentums. Wer sich das

© Der/die Autor(en), exklusiv lizenziert an Springer Fachmedien Wiesbaden GmbH, ein Teil von Springer Nature 2024
D. Pietzcker, *Markenkommunikation kompakt*,
https://doi.org/10.1007/978-3-658-44573-7_1

markierte Vieh aneignete, beging Diebstahl und unterlag rechtlichen Sanktionen. Das „Branding" war also von Anfang an auch eine Form der Abgrenzung, eine Klärung von Besitzverhältnis, Herkunft, Qualität und Legalität. An diesen wesentlichen Aspekten der Markenkommunikation hat sich seit den Zeiten der großen Viehtriebe und -herden im amerikanischen Wilden Westen wenig geändert.

Die Begriffe Marke, Markenführung und Marketing entstammen der angelsächsisch geprägten Hemisphäre. Ohne aufwendig Produktionsprozesse und weitverzweigte Distributionswege, ohne Absatzzahlen und Profit der Markenbegriff keinen Nutzen. Anders gesagt, die kapitalistische Warenwirtschaft und der moderne Markenbegriff gehören eng zusammen.

Konsumgesellschaft und Markenführung sind also untrennbar miteinander verbunden. Eine visuell wiedererkennbare Marke mit hohem Bekanntheitsgrad hat allein dadurch bereits eine gewisse Relevanz im Markt, zumindest jedoch im Bewusstsein ihrer Anspruchsgruppen. Im Markenbegriff greifen physische Realität des Produktes und Vorstellungswert des potenziellen Verbrauchers ineinander.

Gerade weil ein Großteil der konsumierten Produkte austauschbare Massenprodukte sind, bedürfen sie zu ihrer Identifikation und Singularisierung spezieller und unverwechselbarer Eigenschaften. Diese Eigenschaften, die zumeist rein assoziativ mit dem Produkt verbunden sind, sind nichts anderes als die Marke selbst – die Gesamtheit aller zielgerichteten kommunikativen Akte rund um ein physisches Objekt oder eine als Dienstleistung erbrachte Aktivität.

Eine Marke umfasst also weit mehr als bloß einen physischen Gegenstand; die Marke verleiht ihm eine emotionale Bedeutung, ein auratisches Attribut. Vielleicht lässt sich das am besten am Beispiel eines Turnschuhs verdeutlichen. Hierzu ein kurzes Gedankenspiel. Ein Sportschuh, der die identischen physikalischen Eigenschaften (Farbe, Form, Material, Gewicht, Langlebigkeit) besitzt wie ein Markenschuh, würde ohne das Logo einer Sportmarke als Erkennungsmerkmal zweifellos einen deutlich geringeren Preis erzielen als mit Logo. Warum eigentlich? Der Schuh ist doch objektiv gesehen derselbe, nur eben ohne „Branding", ohne Markenzeichen.

Anhand dieses Gedankenspiels wird deutlich, worin der Unterschied liegt. Eine Marke (im Regelfall zu erkennen am Logo auf den unterschiedlichsten Produkten) ist weitaus mehr als ein bloßes *Gestaltungselement*. Eine Marke ist der Repräsentant konkreter Assoziationen, Gefühle und spezifischer Werte im Bewusstsein des Konsumierenden. Diese wiederum sind das Ergebnis einer kontinuierlichen und zielgerichteten Kommunikationsleistung, die sich unter dem Begriffspaar „Marketing und Werbung" zusammenfassen lassen. Wir assoziieren eine Marke mit genau denjenigen Bildern und Emotionen, die uns zuvor durch

1.1 Marke und „Brand"

die Werbung suggeriert worden sind. Für Produkte mit diesen Assoziationswerten sind Verbraucher sogar bereit, einen deutlich höheren Preis zu entrichten. Was eine Marke ausmacht, ist also stark von subjektiven Eindrücken geprägt. Das Markenbild ist tief im Bewusstsein der unterschiedlichen Anspruchsgruppen verankert.

Subjektive Faktoren, immaterielle Wertzuschreibungen sowie irrationale Präferenzen im Bewusstsein der Anspruchsgruppen – in erster Linie der potenziellen Kundinnen und Kunden – sind für den ökonomischen Erfolg einer Marke ebenso wichtig wie die physischen Eigenschaften ihrer einzelnen Produkte und die infrastrukturellen und logistischen Voraussetzungen ihrer Distribution. Der subjektive Wert, der einem Markenprodukt zugesprochen wird, ist für die Kaufentscheidung genauso entscheidend wie das reale Objekt selbst. Auch der Preis, den Konsumierende bereit sind zu bezahlen, hängt sowohl von objektiven als auch subjektiven Faktoren ab (Scheier & Held, 2012, S. 160):

> „Marken schaffen Möglichkeiten, bieten fiktive, symbolische Belohnungen, die weit über die physische Wirkung des Produktes hinausgehen."

Marken repräsentieren demnach Symbolwerte, über die, zumindest partiell, gesellschaftlicher Konsens besteht. Je höher der Symbolwert ausfällt, desto wertvoller ist die Marke. Im Bereich der Premiummarken und Luxusgüter tritt dieser Effekt besonders eindrücklich zutage. Vergleichsweise triviale Objekte wie Handtaschen, Sonnenbrillen, Parfums oder Kleidungsstücke werden zu Preisen gehandelt, die sich nicht durch die Kostbarkeit der verwendeten Materialien rechtfertigen, sondern durch das Prestige der Marke. Erfolgreiche Markenarbeit mündet nicht zuletzt in einer souveränen Preisgestaltung, die sich allerdings an den sozioökonomischen Bedürfnissen und Möglichkeiten der potenziellen Käuferschaft ausrichten muss.

Die Immaterialität des Markenbegriffs als Vorstellungs- und Assoziationswert birgt ein enormes ökonomisches Potenzial. Nicht die physischen Eigenschaften eines Produktes machen dieses so wertvoll, sondern der subjektiv-immaterielle Wert, den die Anspruchsgruppen ihm beimessen (Meyer, 2011, S. 177):

> „Marken sind lebende Systeme, die im Idealfall eine große Eigendynamik aufweisen, sich aus einem „eigenen Antrieb" heraus weiterentwickeln und wachsen. Die enorme Wettbewerbskraft starker Marken beruht darauf, dass sie eine treue Kunden-Community gebildet haben, die sich mit der Marke identifiziert und sie aktiv weiterverbreitet."

Der immaterielle Charakter der Marke bedingt zugleich den hohen monetären Wert, der ihr zugesprochen werden kann (Esch, 2012, S. 30):

> „Marken sind zentrale immaterielle Wertschöpfer in Unternehmen. Kunden kaufen keine Produkte, sondern Marken. (…) Marken sind Vorstellungsbilder in den Köpfen der Kunden, die die Marke im Meer der Angebote wiedererkennbar machen und von Wettbewerbern differenzieren. Je stärker die Marke, desto klarer das Markenbild."

Der Kauf eines Produktes befriedigt und bestätigt eben auch die emotionale Zuschreibung an das Objekt, welche allerdings zuvor erfolgte. Der Markenwert wird dadurch subjektiviert; eine Beobachtung, die insbesondere unter dem Vorzeichen der Digitalisierung an Bedeutung gewonnen hat (Skibicki, 2012, S. 91):

> „Der Aufstieg des Internets zum Massenmedium seit Mitte der 1990er Jahre verändert Marken und Markenstrategien grundlegend und nachhaltig. (…) Die wirkliche Zäsur, die die Markenwelt in ihrer Gesamtheit erfasst, (…) findet jedoch erst mit Aufkommen des Social Web statt."

Markenwerte sind Ausdruck von individuellen und kollektiven Präferenzen. Sie sind Zuschreibungen, die individuell zum Ausdruck gebracht und kollektiv abgesichert werden. Die darin ausgedrückten Präferenzen sind stets gekoppelt an subjektive und gesellschaftliche Faktoren. Markenimage, Marktumfeld und soziokulturelle Parameter sind dabei die entscheidenden Richtgrößen. Markenkommunikation zielt zentral darauf ab, diese drei Faktoren positiv und systematisch zu beeinflussen.

Das *Markenimage* umschreibt verbraucherseitig sämtliche Attribute und Assoziationen, die mit einer Marke psychologisch verbunden werden. Welchen Zwecken dient die Marke und wie gelingt es ihr, diese Zwecke für den Konsumierenden zu erfüllen? Eine Kosmetikmarke muss hier offensichtlich anderen Erwartungen genügen als die Marke eines Computerherstellers. Eine Marke kann die breite Masse einer Gesellschaft ansprechen, wie dies etwa Süßigkeitenmarken tun, oder sich an ein schmales Marktsegment richten. Marken können (und wollen) polarisieren, sie können aber auch Wert auf eine möglichst hohe Akzeptanz legen. Diese Ziele werden im Marketing bewusst definiert. Die Positionierung der Marke in ihrem jeweiligen Segment ist die direkte Folge rationaler Managemententscheidungen im Bereich der Kommunikation.

Das *Marktumfeld* ist durch die Anwesenheit oder Abwesenheit sowie die stärkere oder schwächere Marktdurchdringung von Konkurrenten geprägt. In stagnierenden Märkten ist das Halten von Marktanteilen womöglich schon ein

1.1 Marke und „Brand"

Erfolg. In stark wachsenden Märkten hingegen, wie zum Beispiel der Unterhaltungselektronik (v. a. Gaming), ist Nullwachstum bereits ein Marketingversagen. Das Marktumfeld einer Marke ist insofern bedeutungsvoll, als es das vorhandene oder abwesende Expansionspotenzial realistisch umschreibt. Dieses liegt nicht zur Gänze in den Händen der Marketingmanagerinnen und -manager, lässt sich aber beeinflussen, etwa durch psychologische Stimulation.

Die *soziokulturellen Parameter* schließlich beschreiben Marken als gesellschaftliches Phänomen, eingebettet in einen überaus komplexen und nicht zur Gänze transparenten sozialen und geschichtlichen Kontext. Produkte und Marken sind Artefakte, künstlich erschaffene Objekte und ihre ebenfalls künstlichen Spiegelungen im menschlichen Bewusstsein. Marken sind gesellschaftlich voraussetzungsvoll und nur aus dem konkreten kulturellen Umfeld heraus ökonomisch sinnvoll und verstehbar.

Drei Beispiele hierzu:

1. Anti-Aging-Produkte kann es nur in einer Gesellschaft geben, die einerseits soziodemografisch stark überaltert ist, andererseits jedoch eisern am Schönheitsbild der Jugendlichkeit festhält.
2. Ebenso sind Autos nur in einem Gesellschaftskontext verstehbar, welcher der individuellen Mobilität einen hohen Wert beimisst.
3. Die Flut „nachhaltiger" Produkte und Marken, die (so zumindest ihr Versprechen) ökologisch und ökonomisch vertretbar hergestellt und konsumiert werden können, ist Indiz einer Gesellschaft, die sich von ihren natürlichen Grundlagen bereits maximal entfernt hat.

Soziokulturelle Parameter umschreiben den umfassenden inneren und äußeren Zustand einer Gesellschaft, in welche sich auch die Marke und ihre Produkte einfügen und in der sie sich behaupten müssen, um Erfolg zu haben. Diese Parameter werden von den Markenunternehmen vorgefunden, die sich an die Gegebenheiten zumeist opportunistisch anpassen.

Werbung als Markenkommunikation ist in weiten Teilen nichts anderes als der kommerzielle Spiegel des jeweiligen Zeitgeistes. Ästhetische und zeithistorische Einflüsse sind offensichtlich, etwa bei der Darstellung geschlechtsspezifischer Rollenmuster bzw. ihrer Erosion. Auch Marken sind in einem grundsätzlichen Sinne historisch bedingt und nur aus dieser Bedingtheit heraus überhaupt verständlich.

1.2 Markenführung als Kommunikationstechnik

Markenkommunikation erlaubt es, inhaltlich vergleichbare Produkte voneinander zu unterscheiden, etwa durch Preisgestaltung, Erscheinungsbild, Design und Verpackung. Diese Unterschiede wiederum lassen sich aus Konsumentensicht klar benennen und identifizieren, Präferenzen und Affinitäten bilden sich aus, welche in möglicher Konsequenz zu einer Kaufentscheidung führen (Schmidt, 2006, S. 61):

> „Das strategische Ziel der Markenführung ist der Aufbau einer Kundschaft, die der Marke zuverlässig Geldmittel zuführt. (…) Die Versuche, Kundschaft durch Werbung zu binden, können nur dann erfolgreich sein, wenn die Erfahrungen beim Kauf sowie bei der Nutzung der Produkte die Menschen zu positiven Urteilen veranlasst haben."

Erst wenn die Erfahrung bei der Nutzung des Produkts positiv ist, wird ein Wiederkauf überhaupt in Erwägung gezogen. Trivial gesagt: Das Auto muss schnell und zuverlässig fahren, die Schokolade schmackhaft sein, das Parfum gut riechen. Ein Markenprodukt jedoch bietet weitaus mehr als einen objektiven Anwendungsnutzen, sondern birgt zudem einen emotionalen und sozialen Mehrwert. Marken sind konkret dadurch gekennzeichnet, dass sie „eine Identifikations- und Differenzierungsfunktion übernehmen und das Wahlverhalten prägen" (Esch, 2012, S. 22).

Marken lösen Assoziationen aus, die rein subjektiv erlebt werden und doch kollektiv identisch oder zumindest sehr ähnlich sind. Diese Bilder zu initiieren, zu steuern und an die Veränderungen der Außenwelt kontinuierlich anzupassen, ist Aufgabe der Markenführung als Management- und Kommunikationsfunktion. Denn (Esch, 2012, S. 9):

> „Durch das gute Image einer Marke werden automatisch einzelne Produkteigenschaften (…) besser eingeschätzt. Das Markenimage wird bei starken Marken (…) häufig durch emotionale Eindrücke und Bilder geprägt."

Die Konsequenz dieser „präferenzprägenden Funktion" (Esch, 2012) der Markenführung liegt vor allem im Erzielen höherer Preise, die Markenprodukte bei identischen Eigenschaften gegenüber Produkten ohne Markennimbus erzielen. Eine Marke als subjektiver Vorstellungswert, der auf ein Produkt projiziert werden kann, repräsentiert einen höheren ökonomischen Gegenwert als das physische Produkt allein, ohne die Strahlkraft einer Marke (Esch, 2012, S. 23):

1.2 Markenführung als Kommunikationstechnik

„Die Wirkung von Marken auf den Konsumenten lässt sich nur erklären, wenn auch die mit einer Marke verbundenen Gefühle und Erfahrungen betrachtet werden. (…) Starke Marken sind in hohem Maße gefühlsmäßig bei den Konsumenten verankert. (…) Um die mit einer Marke verbundenen Vorstellungsbilder zu erfassen, ist es für das Markenmanagement sinnvoll, an dem in den Köpfen der Konsumenten gespeicherten Markenwissen anzusetzen. Hier werden Gefühle, Bilder, Vorstellungen, Sachinhalte, Eigenschaften, Verwendungszusammenhänge und andere Inhalte zur Marke archiviert."

Von besonderer Wichtigkeit für die Markenkommunikation ist die Grundannahme des immateriellen Markenwertes. Eine Marke ist in erster Linie ein Vorstellungsbild im Bewusstsein der Anspruchsgruppen. Je präziser und artikulierter diese Vorstellung ist, desto höher ist auch das Unternehmenspotenzial. Markenbewusstsein und Unternehmenserfolg liegen also auf einer Linie (Esch, 2012, S. 55):

„Als zentraler immaterieller Wertschöpfer eines Unternehmens ist die Marke ein wichtiger Treiber für das Globalziel eines Unternehmens. (…) Der Unternehmenserhalt wird demnach mehrfach gesichert: Unternehmen mit starken Marken sind wirtschaftlicher und erfolgreicher als andere. (…) Zudem ziehen solche Unternehmen eher High Potentials als Mitarbeiter an, so dass dadurch das wichtige Humankapital in Unternehmen und eine weitere wichtige immaterielle Ressource, das Wissen im Unternehmen, gestärkt wird. Gleiches gilt für andere Anspruchsgruppen, wie beispielsweise Geldgeber, Lieferanten, Abnehmer."

Die Erhaltung, Pflege und Ausweitung eines Markenbildes bedarf einer zielgerichteten, langfristigen und zugleich intensiven Anstrengung in Marketing und Unternehmenskommunikation. Ein positives, tief in Wahrnehmung und Bewusstsein der Anspruchsgruppen verankertes Markenbild ist das Ergebnis dieser orchestrierten Anstrengung der Markenkommunikation (Esch, 2012, S. 189):

„Markenführung ist ein kontinuierlicher Entwicklungsprozess, bei dem es darum geht, eine Marke weiterzuführen, d. h. den veränderten Erfordernissen des Marktes, der Kunden sowie der Wettbewerber anzupassen."

Das Markenbild, Ergebnis von erlebbarer Produktrealität und subjektiver Vorstellung im Bewusstsein des Verbrauchers, ist nicht als ein statisches Objekt zu betrachten. Es ist, im Gegenteil, dynamischen gesellschaftlichen, technologischen und unternehmensinternen Änderungen unterworfen. Die Marke entwickelt sich notwendigerweise zusammen mit dem Markt und dem gesellschaftlichen Mentalitätswandel und passt sich an diese permanent an. Markenführung hat also die zentrale Funktion, die gesellschaftliche Anschlussfähigkeit der Marke zu gewährleisten.

Eine weitere Aufgabe der Markenführung ist es, noch nicht explorierte Märkte zu identifizieren und Wachstumsfelder zu erkennen. Es geht darum (Esch, 2012, S. 189),

„in der Marke schlummernde Wachstumspotenziale auszuschöpfen durch die Entwicklung neuer Produkte, die Ansprache neuer Zielgruppen und den Eintritt in neue Märkte".

Die Entwicklung neuer Produkte umfasst nicht bloß das Innovationsmanagement, sondern auch die Einschätzung sinnvoller sogenannter „Line Extensions", d. h. Fragen der Ausdehnung einer Produktmarke auf benachbarte Felder. Für einen Parfumhersteller mag es sinnvoll sein, neben geschlechtsspezifischen Düften auch einen Unisex-Duft anzubieten, der den Markt in seiner gesamten Breite anspricht. Der Hersteller von Sportwagen entwickelt ein viertüriges und familienfreundliches Modell. Der Produzent von Marzipan bietet unter dem gleichen Markennamen auch Schokolade an.

Ein Anbieter von Premiumprodukten hingegen kann, der Logik der Profitabilität folgend, versuchen, das oberste Preissegment zu bedienen, doch ebenso ist es möglich, durch die Ausdehnung der Marke in den Massenmarkt ökonomisches Potenzial auszuschöpfen. Allerdings lassen sich beide Richtungen, nach oben ins Luxussegment und nach unten in die Breite, schwer miteinander harmonisieren. Welche Entscheidung ist die ökonomisch und strategisch schlüssige? Diese Frage ist im Einzelfall nicht leicht zu beantworten – es gibt dafür keine Blaupause, sondern nur die situative Analyse.

Veränderungswille und Beharrungstendenz sind ambivalente Begriffe; dennoch bleibt unter dem Strich die Notwendigkeit zur Anpassung an die veränderten Zeitläufe unabdingbar für den Fortbestand einer Marke (Jenner, 1999, S. 151):

„Es wird deutlich, dass sich die strategische Markenführung im Spannungsfeld zwischen dem Aufbau einer eindeutigen Identität und der Notwendigkeit einer situativ bedingten Anpassung an veränderte Rahmenbedingungen bewegt. Bei der Entscheidung über die Durchführung eines strategischen Wandels können folglich zwei grundsätzliche Fehler begangen werden. Einerseits besteht die Gefahr der Veränderung einer im Kern tragfähigen Marktbearbeitungsstrategie und damit einer Gefährdung der Markenidentität „ohne Not". Andererseits erlangt das Festhalten an einer Strategie pathologischen Charakter, wenn veränderte Rahmenbedingungen einen strategischen Wandel angeraten erscheinen lassen. In diesem Falle droht der Marke ein Verlust an Relevanz und Aktualität."

Die Exploration neuer Zielgruppen einer Marke berücksichtigt insbesondere soziodemografische und sozioökonomische Faktoren. Der Generationswandel innerhalb der Käuferschicht führt zwingend zu einer Markenanpassung an neue Mentalitäten und Erwartungshaltungen der Konsumenten. Die Ansprache neuer sozioökonomischer Käuferschichten betrifft auch die Preispolitik und die Distributionswege der Produkte. Vor allem für die Distribution ist die Frage entscheidend, ob digitale, analoge oder hybride Vertriebswege genutzt werden sollen.

Die Repositionierung einer Marke bedeutet nichts anderes als diese aktive und bewusst angestrebte Anpassung der Marke an neue Parameter ihres gesellschaftlichen und wirtschaftlichen Umfeldes.

Neue Absatzmärkte einer etablierten Marke liegen, wenn der Heimatmarkt bereits saturiert ist, vor allem im Ausland. Der Markteintritt in ausländische Märkte ist ein komplexer Prozess, der Anpassungen an Landeskultur, Sprache, Mentalität und unterschiedliche Konsumgewohnheiten erfordert. Gelegentlich besetzt eine Marke in unterschiedlichen nationalen Märkten auch unterschiedliche Marktsegmente. Europäische Bekleidungshersteller, die in Europa bestenfalls die Bedürfnisse der Mittelschicht befriedigen, können in außereuropäischen Märkten, wie z. B. in Asien, das Hoch- und Höchstpreissegment bedienen.

All diese operativen und strategischen Fragen auf empirischer und rationaler Ebene zu erörtern und zu entscheiden, ist Aufgabe der Markenführung. Die Marktfaktoren von Produkten, Märkten und Kunden sind dabei eng miteinander verbunden. Auch Marken folgen Trends, bilden veränderbare Präferenzen ab und identifizieren neue, entwicklungsfähige Märkte. Gerade was Letzteres betrifft, eröffnet der noch nicht abgeschlossene Prozess der Globalisierung enormes Potenzial – und mit ihm nicht weniger enorme Risiken.

1.3 Rechtliche Aspekte des Markenbegriffs

Weshalb sollen Marken, Markenzeichen und -symbole juristisch geschützt werden? Marken repräsentieren Werte, die rechtlich schützenswert sind. Markenschutz ist daher auch Schutz von geistigem Eigentum vor widerrechtlicher Aneignung. Zudem schützt das Markenrecht den Anspruch auf Exklusivität für denjenigen, der sich im Besitz einer Marke und ihrer Zeichen befindet (Gack, 2014, S. 12):

„Eine Marke dient dazu, zu verhindern, dass andere Personen eine identische oder verwechslungsfähige Form der Kennzeichnung für identische, ähnliche oder unterschiedlichen Waren und Dienstleistungen registrieren und benutzen oder auch nur benutzen."

Um Marktrelevanz, Wettbewerbsvorteil, Singularität und Wiedererkennbarkeit dauerhaft zu sichern, müssen Marken juristisch flankiert werden. Ansonsten könnten sie jederzeit kopiert werden. Dies wirksam zu unterbinden, ist das Ziel des rechtlichen Markenschutzes. Das innerhalb der Europäischen Union geltende Recht

„betrachtet als Marken die Geschäftsfirmen sowie Zeichen, welche zur Unterscheidung der Herkunft der mit ihnen versehenen Waren dienen. Der Einbezug der Geschäftsfirmen ist als historische Reminiszenz zu werten; während langer Zeit galt die Marke als Symbol, das für den Namen des Handwerkers oder Künstlers stand." (Rehbinder, 1990, S. 3)

Markenrechte beruhen prinzipiell auf dem Territorialitätsprinzip. Anwendung und Durchsetzung des Markenschutzes sind auf das Gebiet des jeweiligen Landes beschränkt (Rehbinder, 1990). In nationalen Märkten müssen Marken national angemeldet und geschützt werden. Ist dieser Schutz erlangt, kann der Inhaber der Markenrechte den Schutz seiner Marke auch juristisch durchsetzen. Hierzu gehört zum Beispiel das Verbot, eine bestehende Marke nachzuahmen oder so nachzuahmen, dass Verbraucher irregeführt werden können (Rehbinder, 1990, S. 296).

Marken sind vor allem deswegen ein schützenswertes Gut, weil sie – wenn auch immateriell – einen hohen Wert repräsentieren können. Marken können im Einzelfall sogar wertvoller sein als einzelne Produkte; Grund genug, sie unter einen besonderen Schutz zu stellen (Gack, 2014, S. 7):

„Der Wert von Marken und Unternehmenskennzeichen äußert sich darin, dass bei der Veräußerung von Unternehmen über die Hälfte des Wertes zumeist gerade nicht aus den materiellen Dingen besteht, die verkauft werden, sondern im „Good Will", also im immateriellen Wert." (Gack, 2014, S. 9)

Die wichtigste und am häufigsten gebrauchte juristische Waffe in Auseinandersetzungen um Markenrechte ist die Unterlassungsklage. Dabei soll der beklagten Partei verboten werden, Markenzeichen unerlaubterweise zu führen und zu nutzen. Dieses rechtliche Instrument ist notwendig, da Marken hohe immaterielle Werte repräsentieren.

1.3 Rechtliche Aspekte des Markenbegriffs

Die unerlaubte Nutzung von Markenzeichen hat letztlich das Ziel, auf unlautere Art und Weise Wettbewerbsvorteile zu erlangen und Verbraucherinnen und Verbraucher zu täuschen. Die Schutzfunktion des Markenrechtes kommt daher sowohl dem Eigentümer einer Marke als auch den Verbraucherinnen und Verbrauchern zugute (Gack, 2014, S. 9):

> „(…) das Markenrecht im juristischen Sinne, ist der wichtigste Mechanismus zum Schutz von Kennzeichen. Gleichzeitig handelt es sich um die schlagkräftigste Rechtsposition für derlei Zeichen. Gemeinsam mit dem Designrecht ist es für den Zeichenschutz das einzige formelle Schutzrecht, also ein Schutzrecht, das man bei einem Markenamt eintragen lassen kann und welches bereits allein auf Grund der Eintragung durchsetzungsfähig ist."

Der Markenschutz erstreckt sich ebenfalls auf artifizielle Zeichen und Markensymbole, wie es typischerweise das Logo und der Slogan einer Marke sind. Slogans oder Claims können als fester Bestandteil des Markennamens und im Kontext einer Produktkategorie ebenfalls markenrechtlich geschützt werden. Auch ein exklusiv für eine Marke erstellter Schriftschnitt (Typografie) lässt sich marken- und urheberrechtlich schützen (Gack, 2014, S. 10):

> „Liegt einem Kennzeichen eine gewisse schöpferische, geistige Leistung zugrunde, etwa die einer besonderen graphischen Darstellung oder eines originellen Slogans, so kommt zusätzlich ein Schutz aufgrund Urheberrechts in Betracht. In der Praxis kann das Urheberrecht aber keinen verlässlichen oder ausreichenden Schutz in Bezug auf Kennzeichen gewährleisten."

Der Gesetzgeber differenziert dabei zwischen Markenschutz und Designschutz. Wer Beides schützen möchte, muss auf das Erlöschen von Schutzrechten achten (Gack, 2014, S. 11):

> „Die Marke schützt die Kommunikation zwischen Kunden und Unternehmen. Sie dient als eines der Identifikationsmerkmale für eine Ware oder Dienstleistung. Das Design hingegen schützt gerade die Designleistung und knüpft, ähnlich dem Urheberrecht, an den Schöpfer eines Werkes an. Während der Markenschutz alle zehn Jahre unbegrenzt verlängerbar ist, ist die maximale Dauer des Designschutzes auf 25 Jahre begrenzt. Allerdings ist der Designschutz unter Umständen leichter und günstiger zu erlangen. Ähnlich sind sich das Markenrecht und das Designrecht darin, dass es sich bei beiden (grundsätzlich) um formelle Rechte handelt, die durch Eintragung entstehen."

Wortmarken gehören zu den am häufigsten angemeldeten Marken. Dabei handelt es sich um eine in einer Standardschrift wiedergegebene Bezeichnung, sei es als Personen- oder Firmenname. Auch Abkürzungen und Zahlenreihen, Internet-Domains und Wortfolgen können markenrechtlich gesichert werden. Einige Beispiele rechtlich geschützter Unternehmensnamen und Markenslogans sollen dies verdeutlichen:

- **Personenname als Unternehmensname:** Siemens, Mercedes, Stihl, Armani, Poggenpohl, Tesla, Gucci
- **Wortfolge oder Phantasiebezeichnung als Unternehmensname:** Zalando, Lieferando, Microsoft, Google, Total
- **Abkürzungen als Unternehmensname:** BMW, WMF, ZDF, BP, VW, HSBC
- **Markenrechtlich geschützte Werbeslogans:** „Ich liebe es", „Freude am Fahren", „Just do it", „Weil ich es mir wert bin"

Bildmarken im markenrechtlichen Sinne sind zweidimensionale grafische Abbildungen, sei es einfarbig, in Schwarzweiß oder mehrfarbig. Typischerweise werden damit Markenlogos und Markenmaskottchen umschrieben. Prominente Beispiele für Bildmarken sind der stilisierte Puma für die gleichnamige Sportmarke, der Kranich als Markenzeichen der deutschen Airline Lufthansa, der angebissene Apfel für das Unternehmen Apple oder der Pandabär für den World Wildlife Fund (WWF).

Sogenannte *Wortbildmarken* stellen rechtlich gesehen einen Sonderfall der Bildmarken dar. Wortbildmarken kombinieren Wortfolgen mit grafischen Elementen zu einer unauflösbaren Einheit. Beispiele hierfür sind Coca-Cola mit seinem leicht wiederzuerkennenden und rechtlich geschützten Schriftzug oder auch der Hersteller von Sanitäranlagen Viessmann.

Charakteristische Markenkennzeichen wie Logo, Name und Slogan lassen sich rechtlich schützen und geben dadurch dem Unternehmen einen klar definierten, sicheren Handlungsrahmen, der sie vor Nachahmern verlässlich schützt. Dieser rechtliche Rahmen dient im Kern der Wahrung von Eigentumsrechten. Denn jede Marke repräsentiert auch einen ökonomischen Wert.

Der *Markenwert* jedoch, also die mögliche Ökonomisierung einer Marke, lässt sich juristisch gerade nicht definieren, sondern im Zweifelsfall lediglich aushandeln. Dieser kritische Aspekt der monetären Bewertung einer Marke wird in der Rechtsliteratur folgendermaßen kommentiert (Gack, 2014, S. 32):

„Allen Verfügungen über Marken gemeinsam ist das Bedürfnis nach einer verlässlichen Grundlage für die unternehmerische Entscheidung. Erwerber bzw. Veräußerer müssen sich auf den Kaufpreis (…) verständigen. Darlehensgeber bedürfen einer

Festlegung des Sicherungswertes der Marke. Aber auch im Rahmen der Übertragung von Unternehmen oder Unternehmensteilen können die bestehenden Marken von zentraler Bedeutung für den Kaufpreis sein. Es stellt sich damit entscheidend die Frage des Markenwertes, die sich einer klaren Antwort jedoch entzieht. Zwar wurden zur Ermittlung des Markenwertes unterschiedlichste Bewertungsverfahren entwickelt, denen gemeinsam ist, dass sie sowohl unmittelbar monetäre Faktoren, wie Umsatz und Gewinn des Unternehmens, als auch rein immaterielle Aspekte wie Image, Kundentreue, etc. berücksichtigen."

Während sich objektive Faktoren wie Umsatz, Produktionskosten, Gewinnmarge oder Marktanteile ohne Weiteres benennen lassen, ist die immaterielle Wertschöpfung durch eine kontinuierliche Markenführung schwer zu benennen, obwohl sie fraglos das Ergebnis erfolgreicher Markenstrategie und -kommunikation ist (Gack, 2014, S. 32):

„Letztlich können alle Verfahren jedoch nur einen Anhaltspunkt bieten und sind zudem meist äußerlich aufwendig, da sie zu einem großen Teil auf individuellen Marktanalysen beruhen. Der *Wert einer Marke* hängt entscheidend vor allem vom jeweiligen Betrachter ab (…). Die Bewertung bleibt, allen Versuchen der Ökonomie zur Schaffung allgemeingültiger Verfahren zum Trotz, letztlich doch der Verhandlung und den Vorstellungen der beteiligten Parteien überlassen."

Die juristischen Aspekte des Markenbegriffs dienen vor allem der Sicherung von Nutzungs- und Eigentumsrechten. Sie können keine Aussage darüber treffen, was eine Marke im monetären und ökonomischen Sinne wert ist. Paradoxerweise ist die Werteinschätzung von Produkten und Marken überhaupt nicht objektiv darstellbar, sondern nur situativ zu benennen. Der Markenwert hat vor allem eine psychologische Dimension, die sich aber auch ökonomisch niederschlägt.

1.4 Ökonomische, soziologische und psychologische Dimensionen des Markenbegriffs

Der Markenbegriff ist facettenreich und vielschichtig, nicht zuletzt deswegen, weil Marken multidimensionale Bedeutungsphänomene sind und ein komplexes Zeichensystem repräsentieren (Wiedmann, 2006, S. 49):

„Zwischen Marke und Gesellschaft besteht tatsächlich eine Fülle außerordentlich komplexer Beziehungen und Interdependenzen. Marken wirken sowohl direkt als auch indirekt in vielfältiger Weise in die Gesellschaft hinein und unterstützen dabei die Prozesse des gesellschaftlichen Wandels mehr oder weniger stark. Umgekehrt überlagern gesellschaftliche Bedingungen, Strukturen und Prozesse alle Märkte, auf denen Marken zu schaffen versucht werden, und letztlich spricht sogar viel für die These, dass ohne das gezielte Ausschöpfen gesellschaftlicher Kräfte Marken nicht nachhaltig zum Erfolg geführt werden können."

Marken vermitteln notwendigerweise spezifische Einstellungen, Werte und Normen. Diese sind eingebettet in einen größeren gesellschaftlichen Gesamtzusammenhang. Ein Sportartikelhersteller beispielsweise wird schon aus Eigeninteresse eine aktive, dynamische Lebensweise propagieren, in der Sport einen hohen symbolischen Wert repräsentiert. Je tiefer und breiter das Thema Sport in der Gesellschaft verankert ist, desto vorteilhafter für den Hersteller:

„Dadurch, dass es sich bei Marken um eine äußerst effiziente Form der Normen- und Wertevermittlung handelt, entscheidet der Professionalisierungsgrad des Markenwesens jeweils darüber, welchen Stellenwert eine Sozialorganisation innerhalb der Gesellschaft bzw. der einzelnen gesellschaftlichen Subsysteme einnimmt. (...) Im Verhältnis zwischen den Gesellschaftsbereichen haben die Vertreter aus den Bereichen Politik, Kultur, Soziales und Sport seit einiger Zeit zu entdecken begonnen, wie wichtig Marketing und speziell Marken im Kampf um Aufmerksamkeit, Unterstützung, Loyalität etc. sind. Auch hier geht es um eine Form der gesellschaftlichen Machtverteilung (...)." (Wiedmann, 2006, S. 43)

Produkt- und Markenkommunikation können niemals isoliert betrachtet werden, sondern befinden sich stets in einem wandelbaren sozioökonomischen Feld aus Werten, Hierarchien, Präferenzen, Wirtschaftsformen, gesetzlichen Rahmenbedingungen etc. Markenkommunikation besteht gerade darin, eine Marke erfolgreich an diese Bedingungen anzupassen und, im Idealfall, sich abzeichnende Trends frühzeitig zu erkennen und zu integrieren. Die gesellschaftlichen Debatten um Ökologie und Nachhaltigkeit sind ein Beispiel für diese trendgeleiteten Veränderungen, die auch von Unternehmen nachvollzogen werden, um die eigene Marktposition nicht zu gefährden.

Marken und Markenführung verfolgen primär einen *ökonomischen Zweck* und sind entsprechend monetär motiviert. Es ist ein wesentliches Ziel der Marke, den Unternehmensprofit durch Erfolge am Markt kontinuierlich zu steigern. Ein stark nachgefragtes Markenprodukt, dessen Herstellungs- und Distributionskosten deutlich niedriger sind als der Preis, den Konsumenten bereit sind zu entrichten, ist das ökonomische Ideal des Markenmanagements. Eine erfolgreich geführte Marke bietet zudem Planungssicherheit und schafft bei allen relevanten Anspruchsgruppen mittel- und langfristig Vertrauen. Anders gesagt: Die primäre ökonomische Funktion einer Marke liegt in ihrer Rentabilität. Die monetären Freiräume, die sich daraus ergeben, schaffen die notwendigen Gestaltungsräume

1.4 Ökonomische, soziologische und psychologische …

für Neuentwicklungen, Marktexpansion, Arbeitsplätze und Gewinnausschüttungen. Die ökonomische Dimension ist aber nur ein – wenn auch zentraler – Aspekt des Markenbegriffs und seiner Anwendung.

Neben der ökonomischen Dimension des Markenbegriffes sind auch soziologische Aspekte der Marke wesentlich (Preuß et al., 2014, S. 433):

> „Marken nehmen heutzutage in unserem Leben eine enorme Bedeutung ein und sind aus unserem Alltag nicht mehr wegzudenken. (…) Diese Entwicklung beschränkt sich dabei nicht auf bestimmte Konsumgüter, sondern greift auf verschiedenste Lebensbereiche und Branchen über."

Marken und ihre Nutzung sind tief eingebettet in *soziale Strukturen, Praktiken und Rituale*. Sie verleihen Distinktion, fungieren als nonverbale Erkennungszeichen und Symbole der Zugehörigkeit. Das Konsumverhalten lässt Rückschlüsse auf den sozialen Status zu. Marken geben zudem Orientierung hinsichtlich Qualität, Ästhetik und Preissegment. Unterstützt durch die Markenkommunikation strukturieren und priorisieren Marken und ihre Angebote das Konsumverhalten und -bewusstsein. Während in vielen gesellschaftlichen Bereichen Hierarchien und klare Prioritäten verlorengegangen sind, wirken Markenhierarchien, etwa hinsichtlich Qualität, Preis oder Begehrlichkeit, geradezu konservativ. Die Grenzen zwischen Luxus-, Premium- und Marken im mittleren Preissegment lassen sich klar benennen, nicht nur im Preis, sondern auch in der Art und Weise der Warenpräsentation.

Die ostentative Präsenz von Markenkonsum und Markenwerbung in der medialisierten Welt ist Ausdruck einer spezifischen Gesellschaftsform, die sich seit den 1960er-Jahren in der westlichen Hemisphäre verbreitet hat – der Konsumgesellschaft. Diese stellt die Konsumbedürfnisse der Menschen in den Mittelpunkt gesellschaftlichen und politischen Handelns. Der Wert der Arbeit wird nicht zuletzt daran gemessen, was man sich von dem Erwerbseinkommen „leisten" kann – gemeint sind die Konsumausgaben. Das Freizeitverhalten ist oftmals mit Konsumausgaben verbunden, sei es für Dienstleistungen (Restaurants, Unterhaltung, Reisen) oder für Produkte wie Sportausrüstung, Bekleidung und Accessoires. Kurzum, ein Großteil aller individuellen und gesellschaftlichen Aktivitäten ist direkt oder indirekt mit Konsum verbunden. Marken und Konsumgesellschaft sind komplexer Ausdruck einer voraussetzungsvollen, historisch und technologisch spezifischen Sozialstruktur. Diese zu stabilisieren, zeitlich zu verlängern und auch durch ökonomische Krisen zu führen, ist nicht zuletzt

Aufgabe von Konsummarken und ihrer professionellen Kommunikation. Sie dienen dem ultimativen Zweck, eine historisch spezifische Gesellschaftsform, die Konsumgesellschaft, zu erhalten.

Dabei müssen Marken auch mit Reaktanzen rechnen. Gesellschaftsdiskurse rund um ökologische Nachhaltigkeit, Diversität und die Grenzen von Wachstum und Globalisierung fordern Unternehmen nicht nur ökonomisch, sondern auch kommunikativ heraus. Unternehmen und ihre Marken müssen gesellschaftlich anschlussfähig bleiben, um Relevanz und Akzeptanz im Markt zu bewahren. Erfolgreiche Marken zeigen sich – zumindest oberflächlich – sensibilisiert vom Wandel gesellschaftlicher Debatten und den Veränderungen im Geflecht sozialer Werte. Markenführung bedeutet daher auch, ein sicheres Gespür für die oftmals schnellen Trendwenden gesellschaftlicher Diskurse zu besitzen oder zu entwickeln. Nur so können Unternehmen angemessen reagieren oder sich sogar an die Spitze der Debatte setzen. Sensibilität für soziologische Strukturen und Veränderungen ist auch im Markenmanagement vonnöten, wenn auch nicht aus sozialer Überzeugung und Verantwortung, sondern aus ökonomischer Notwendigkeit (Rieke & Schwingen, 2021, S. 14):

> „Gerade in gesättigten Wohlstandsgesellschaften zeigt sich schon länger, dass die materielle Befriedigung von Kundenbedürfnissen nur eine, aber nicht die bestimmende Komponente gesellschaftlichen Wohlstands ist und dass viele nichtmaterielle Dimensionen an Bedeutung gewinnen, wie zum Beispiel Gesundheit, Gemeinschaft, Engagement, Natur, Sicherheit, Verantwortung."

Die Marke als „the consumers idea of a product" (Ogilvy, zit. n. Esch, 2012, S. 18) hat neben ihrer ökonomischen und soziologischen Ausprägung auch eine psychologische Dimension. Der Grund hierfür ist die eigentümliche Ambivalenz des Markenbegriffs. Der Begriff der Marke bezeichnet zum einen konkrete physische Produkte, die sich durch ein Herkunfts- und Markenzeichen von anderen, gleichwertigen Produkten relevant unterscheiden. Diese Differenzierungsfunktion ist der eigentliche Ursprung des Markenbegriffs (vgl. Abschn. 1.1). Andererseits jedoch bezeichnet die Marke ein „Vorstellungsbild in den Köpfen der Anspruchsgruppen" (Esch, 2012, S. 18), d. h., die Marke repräsentiert Assoziationen, Emotionen, möglicherweise Erinnerungen und Erfahrungen, die jedoch sämtlich rein subjektiver Natur sind. Als immaterieller Wert beruht die Bedeutung der Marke auf subjektiven Parametern. Dazu zählen quantitative und qualitative Faktoren. Quantitative Faktoren sind beispielsweise die Bekanntheit der Marke. Qualitative Faktoren sind positive oder negative Bedeutungszuschreibungen und ihre entsprechende emotionale Unterfütterung. Gelten die Marke und ihre Produkte als begehrens- und erstrebenswert, als notwendig und prestigeträchtig, wird die Präferenz und Kaufentscheidung dadurch positiv beeinflusst. Und umgekehrt, gelten Marke und Produkt als angestaubt und nichtssagend, wird durch diese Zuschreibungen das Kaufverhalten gewiss nicht in die gewünschte Richtung gelenkt.

Die kontinuierliche Arbeit am *psychologischen Wert des Markenimages* ist für den Markenerfolg ebenso entscheidend wie die Arbeit und Weiterentwicklung physischer Produkte. Die ausschlaggebenden Faktoren für die finale Entscheidung zugunsten oder zuungunsten einer Marke und ihrer Produkte sind eine Mischung aus ökonomischen, soziologischen und psychologischen Erwägungen.

Erfolgreiche Markenarbeit wird daher alle drei Dimensionen gleichermaßen berücksichtigen und gestalten. Insbesondere die Prägung des im Bewusstsein der Anspruchsgruppen verankerten Markenimages ist eine Aufgabe der Markenkommunikation, ihrer Bilder, Botschaften und Medienkanäle. Dabei kommt es entscheidend darauf an, die adäquaten Aussagen gegenüber den relevanten Ziel- und Anspruchsgruppen in deren präferierten Medien zu treffen.

Dafür ist die Schaffung eine belastbaren Markenvertrauens grundlegend.

1.5 Markenvertrauen

Jede Produkt- und Unternehmensmarke existiert nur, weil ihr die wesentlichen Anspruchsgruppen kontinuierlich Vertrauen schenken. Kreditgeber oder Aktionäre vertrauen auf die wirtschaftliche Zukunfts- und Innovationsfähigkeit des Unternehmens. Konsumenten setzen auf bewährte Qualität, Langlebigkeit oder auch auf die Wertsteigerung und den Distinktionsgewinn der Markenprodukte. Wird dieses Markenvertrauen durch Skandale, Qualitätsmängel, unzureichenden Service oder durch ein subjektives Enttäuschungserlebnis dauerhaft gebrochen, verliert auch die Marke an Relevanz, Wert und Strahlkraft. Dies gilt es zu verhindern, denn einmal verlorenes Vertrauen ist nur schwer zurückzugewinnen.

Markenkommunikation ist daher stets auch eine Investition in das unmittelbare Markenvertrauen und in konstruktive Beziehungen zwischen Unternehmen und Anspruchsgruppen. Dabei spielt auch der Begriff der Markenreputation (Avenarius, 2008) eine zentrale Rolle. *Reputation* ist eng an die Begriffe Vertrauen, Verständnis und Akzeptanz gebunden, denn die „gute" Reputation beruht auf positiven, mehrfach bestätigten Annahmen und Erfahrungen. Der Begriff *Vertrauen* gehört seit vielen Jahren zum definitorischen Grundverständnis professioneller Kommunikation (Domizlaff, 1982). Zugleich ist klar, dass Vertrauen in erster Linie einen psychologischen und eben keinen materiellen Wert darstellt. Erneut kommt die eigentümliche Ambivalenz des Markenbegriffs zum Vorschein, der ein physisches Objekt – Produkt oder Unternehmen – mit einer immateriellen Aura umgibt. Diese jedoch ist für den Aufbau einer Markenbeziehung zwischen Unternehmen und Anspruchsgruppen entscheidend.

Nationale Zuschreibungen wie „Made in Germany" für Ingenieurleistungen, Automobil- und Maschinenbau bringen dieses Vertrauen, welches immer auch einen höheren Verkaufspreis rechtfertigt, in Form von Herkunftsvertrauen zum Ausdruck. Die Provenienz gilt aber stets nur partiell. „Made in Italy" ist als Herkunftsbezeichnung in der Modeindustrie von Vorteil, aber womöglich nicht, wenn es um Computer oder Software geht. „Made in Switzerland" ist als Herkunftssiegel für Confiserie, Schokolade und feinmechanische Produkte wie etwa Uhren von großem Vorteil, nicht aber, wenn es um Inneneinrichtungen oder Lederwaren geht.

Das Markenberatungsunternehmen „Brand Trust" nähert sich dem Begriff „Markenvertrauen" aus einer pragmatischen und praktischen Perspektive an (Brand Trust, 2023):

> „Wenn Menschen einer Marke vertrauen, spricht man von Markenvertrauen. Es entsteht, wenn ein Unternehmen seine Kunden beständig zufrieden stellt: durch die Leistungen und die Kommunikation seiner Marke. (…) Konsumenten kaufen die Produkte einer Marke immer wieder, wenn sie diese für vertrauenswürdig halten. Weil sie sicher sind: Sie wird mich nicht enttäuschen. Darum sind sie auch offen, weitere Produkte dieser Marke auszuprobieren. Und: Sie bezahlen gern mehr dafür, um eine mögliche Enttäuschung mit einer neuen Marke zu umgehen. Ein weiteres Plus: Zufriedene Stammkunden empfehlen „ihre" Marke weiter. Sie werden zu Markenbotschaftern. Dieses vertrauensvolle Kaufverhalten ist existentiell für Unternehmen. Es führt zu gut zahlenden Stammkunden, profitablem Wachstum und größeren Marktanteilen."

Das Vertrauen seitens der Stakeholder kann sich sowohl auf Produkte als auch auf Marken und das Unternehmen selbst beziehen. Gerade weil ein Grundvertrauen in ein bestimmtes Unternehmen und beispielsweise seine Ingenieurleistungen besteht, sind die Aussichten gut, dass dieses Grundvertrauen auch für die nächste Produktgeneration gilt. Und umgekehrt: Wenn das Produkt gewisse positive Qualitäten aufweist, lassen sich diese möglicherweise auch auf das Unternehmen und seine spezifische Kultur übertragen.

Diese Rechnung geht jedoch nicht in jedem Falle auf, denn gelegentlich kommt es bei partiellen Reputationskrisen vor, dass Produkt, Marke und Unternehmen gerade nicht mehr als kongruent wahrgenommen werden. So ist es im

1.5 Markenvertrauen

Einzelfall denkbar, dass die Produkte eines Unternehmens zwar positiv bewertet werden, das Unternehmen selbst – und mit ihm das Management – hingegen nicht. Prominentes Beispiel für diese Reputationsdivergenz zwischen Marke, Produkt und Unternehmen ist der Automobilkonzern VW während des sogenannten Dieselskandals von 2015. Während der Ruf des Unternehmens massiv gelitten hatte und der Vorstand des Unternehmens zurücktreten musste, blieb das Vertrauen in die Produkte des Unternehmens weitestgehend unbeschädigt. Das Qualitätsversprechen der Produkte überstand mühelos die Unternehmenskrise.

Zum Begriff des Vertrauens gehört korrelativ der Begriff des Vertrauensverlustes. Der Vertrauensverlust als die Enttäuschung einmal geweckter Erwartungen kommt in Wirtschaft und Politik häufiger vor. Insbesondere prominente Personen, die von den Medien nicht selten zu eigenen Marken erklärt und stilisiert werden, sind anfällig für Reputationsverluste und Image-Erosionen. Ob Vertrauensverluste bleibende Schäden hinterlassen oder sogar zum Untergang des Unternehmens führen, hängt vom Einzelfall ab. Der ehemalige Dax-Konzern Wirecard beschäftigt mittlerweile nur noch die Staatsanwaltschaft, nicht aber andere Anspruchsgruppen. Während der ehemalige Tennisstar Boris Becker seinen Gefängnisaufenthalt für einen weiteren Popularitätsschub nutzen konnte, gelang dies dem ehemaligen Spitzenmanager Thomas Middelhoff nicht.

Die größte Gefahr für eine Marke ist jedoch nicht der Skandal – dieser lässt sich in Einzelfällen sogar ins Positive wenden –, sondern das Abgleiten in Beliebigkeit, Austauschbarkeit und Indifferenz im Bewusstsein der Verbraucher. Auch eine Marke kann an Relevanz und damit im direkten Wettbewerb an ökonomischer Bedeutung verlieren. Speziell in der schnelllebigen Modeindustrie verliert so manches Fashion-Label nach einigen Jahren, oft nach dem Abgang seines Gründers oder seiner Gründerin, an Glanz, Bekanntheit und Kraft. Nach wenigen Jahren verschwinden das Unternehmen und seine Produkte gänzlich aus dem Markenorbit.

Die *mangelnde Glaubwürdigkeit* einer Marke rächt sich umgehend durch vollständigen Imageverlust. Ein werbliches Markenversprechen muss daher nicht nur als wünschenswert, sondern auch als erreichbar dargestellt werden. Glaubwürdigkeit allein ebnet den Weg zur Identifikation mit Produkten, Marken und ihren jeweiligen kommunikativen Aussagen. Kein Unternehmen und keine Marke können sich längerfristig eine mangelnde oder kontinuierlich absinkende Glaubwürdigkeit erlauben. Vertrauensverlust führt in letzter Konsequenz zu einer krisenhaften Zuspitzung.

Keine Marke ist unersetzlich, und im Wettbewerb mit anderen Anbietern kann sie, im Regelfall problemlos, substituiert werden. Über das Internet und soziale Medien als alternative Informationskanäle besteht zudem jederzeit die

Möglichkeit, werbliche oder unternehmerische Aussagen über eine Marke zu verifizieren oder zu falsifizieren. Markenkommunikation ist in diesem Sinne stets Vertrauensarbeit.

Bei der Betrachtung des Markenvertrauens in der Konsumgesellschaft spielen auch kulturelle Faktoren eine Rolle. Der griechische Philosoph Panajotis Kondylis vertritt die Auffassung, dass Unternehmen und ihre Konsumangebote die Leerstelle schließen, die der Bedeutungsverlust politischer, religiöser und ästhetischer Großerzählungen hinterlassen hat (Kondylis, 2007, S. 222):

> „Infolge der fortschreitenden Atomisierung der Gesellschaft entfällt die Bindung von Ideen und Werten an große kollektive Träger. Die massiven Subjekte, die früher solche Träger bildeten, haben sich nun aufgelöst, und an ihrer Stelle melden sich nun kleinere Gruppen oder Einzelne, die ständig auf dem Markt der Werte neue Produkte lancieren."

Ohne Frage haben Marken, Produkte und Konsumangebote auch eine tiefere kulturelle Bedeutung. Diese zu erkennen und inhaltlich aufzuladen, gehört zu den fortgeschrittenen Aufgaben der Markenkommunikation. Insbesondere soziologische Aspekte der Marke – und mit ihnen Fragen von Status, Prestige und materieller Hierarchisierung – unterstreichen ihren Charakter als Fetische der persönlichen Lebensführung.

Esch (2012, S. 41) nennt die folgenden empirischen Gründe für Markentreue und -vertrauen:

> „gute Erfahrungen mit einer Marke, (...) Bekanntheitsgrad der Marke sowie mit zunehmender Bedeutung die Markenwerbung."

Der Schlüssel zu Markenvertrauen und Markentreue sind neben der zufriedenstellenden Nutzung vor allem emotional belegte Vorstellungen, die aus der Markenkommunikation abgeleitet werden. Anders gesagt: Markenvertrauen ist ohne ein positives Markenimage nicht möglich.

Zusammenfassung Kap. 1
Der Begriff Marke („brand") leitet sich von der Markierung von Vieh US-amerikanischer Herden ab, womit im 19. Jahrhundert Eigentumsverhältnisse symbolisch geklärt wurden. Bis heute dient eine Marke vor allem zur Abgrenzung gegenüber Wettbewerbern. Marken repräsentieren Symbolwerte, über die gesellschaftlicher Konsens besteht. Visuelle Elemente wie z. B. Design, Logo oder Farbkombination können problemlos einer Marke zugeordnet werden. Der Wiedererkennungswert einer Marke gehört zu ihren immateriellen Werten.

Markenführung als Kommunikationstechnik ist das Management von Produkten, doch ebenso die Steuerung von assoziativen Vorstellungen, die mit diesen Produkten verbunden werden. Denn schließlich ist eine Marke primär ein Bild im Bewusstsein der Verbraucher.

Marken bewegen sich in einem definierten rechtlichen Rahmen, der Urheber- und Nutzungsrechte umfasst. Da Marken sich monetarisieren lassen, sind damit im Kern Besitzverhältnisse und Vermögenswerte gemeint.

In Konsumgesellschaften spielen Marken eine wichtige Rolle, z. B. als Kaufanreiz oder als Orientierungsinstanz im Überangebot der Waren. Marken strukturieren Absatzmärkte. Die Struktur dieser Märkte folgt dabei ökonomischen und soziologischen Mustern. Einkommens- und Vermögensverhältnisse spiegeln sich nicht zuletzt beim Konsum der präferierten Marken. Psychologische Faktoren wie Sehnsüchte, Begierden und Besitzwünsche spielen ebenfalls eine gewichtige Rolle.

Jede Marke lebt von ihrem Vertrauensbonus, den sie bei den Verbraucherinnen und Verbrauchern genießt. Markenkommunikation und -führung ist daher vor allem eines, Vertrauensarbeit. Erwartungen sollen einerseits geschürt, dürfen aber andererseits auf keinen Fall enttäuscht werden.

Literatur

Avenarius, H. (2008). *Public Relations – Die Grundform der gesellschaftlichen Kommunikation*. wbg.

Brand Trust. (2023). Glossar. www.brand-trust.de. Zugegriffen: 21. Dez. 2023.

Domizlaff, H. (1982). *Die Gewinnung des öffentlichen Vertrauens. Ein Lehrbuch der Markentechnik*. Marketing Journal.

Esch, F.-R. (2012). Marke und Markendehnung. In F. Langenscheidt (Hrsg.), *Marke10. 10 Themen, 10 Experten, 10 Seiten* (S. 31–40). Deutsche Standards Editionen.

Gack, K. (2014). Rechtliche Aspekte der Markenführung. Ein Leitfaden für Unternehmer. https://www.lieb-online.com/files/luxe/publikationen/Marken%20Wettbewerbsrecht/Rechtliche_Aspekte_der_Markenfuehrung.pdf. Zugegriffen: 12. Jan. 2024.

Jenner, T. (1999). Überlegungen zum strategischen Wandel in der Markenführung. *Journal of Research and Management, 21*(2), 149–160.

Kondylis, P. (2007). *Der Niedergang der bürgerlichen Denk- und Lebensform*. Akademie (de Gruyter).

Meyer, H. (Hrsg.). (2011). *Marken-Management 2010/2011. Jahrbuch für Strategie und Praxis der Markenführung*. Deutscher Fachverlag.

Preuß, H., Huber, F., Schunk, H., & Könecke, T. (Hrsg.). (2014). *Marken und Sport. Aktuelle Aspekte der Markenführung im Sport und mit Sport*. Springer Gabler.

Rehbinder, M. (Hrsg.). (1990). *Marke und Marketing. Schriften zum Medien- und Materialgüterrecht*, Bd. 28. Hrsg. vom Institut für gewerblichen Rechtsschutz. Stämpfli & Cie.

Rieke, N., & Schwingen, H.-C. (2021). *Wie Werte Marken stark machen. Mit dem Leitsystem für werteorientierte Markenführung mehr gesellschaftlichen Impact erzielen*. Haufe.

Scheier, C., & Held, D. (2012). *Was Marken erfolgreich macht*. Haufe.

Schmidt, M. (2006). Die Bedeutung des Markenmanagements zur Jahrtausendwende. In N. O. Herbrand & S. Röhrig (Hrsg.), *Die Bedeutung der Tradition für die Markenkommunikation. Konzepte und Instrumente zur ganzheitlichen Ausschöpfung des Erfolgspotenzials Markenhistorie* (S. 53–75). Edition Neues Fachwissen.

Skibicki, K. (2012). Marke und Internet. In F. Langenscheidt (Hrsg.), *Marke10. 10 Themen, 10 Experten, 10 Seiten* (S. 91–100). Deutsche Standards Editionen.

Wiedmann, K.-P. (2006). Elemente des Beziehungsgeflechts zwischen Marke und Gesellschaft. In N. O. Herbrand & S. Röhrig (Hrsg.), *Die Bedeutung der Tradition für die Markenkommunikation. Konzepte und Instrumente zur ganzheitlichen Ausschöpfung des Erfolgspotenzials Markenhistorie* (S. 31–51). Edition Neues Fachwissen.

2 Markenmodelle und -strategien

> **Zusammenfassung**
>
> Kommunikationsstrategien beruhen auf Modellvorstellungen eines als ideal angesehenen Marktes. Die ökonomische Wirklichkeit im wettbewerbsorientierten Umfeld ist eine Annäherung an diese Modelle, deren Hauptfunktion es ist, Orientierung für Entscheider und Akteure geben. Dabei wird insbesondere auch die Struktur von Unternehmen als hierarchischen Organisationen berücksichtigt. Marken- und Unternehmenskommunikation kann sich in mehrere Richtungen bewegen, vertikal und horizontal, nach innen und nach außen. Klassische Markenmodelle wie die „identitätsbasierte Markentechnik" und die „integrierte Unternehmenskommunikation" gehen vom Ideal einer möglichst hohen Kohärenz zwischen dem unternehmerisch Gewollten und dem vom Markt Akzeptierten aus. Markenkommunikation verfolgt demnach das Ziel, die Perspektive des Unternehmens zur Perspektive des Verbrauchers zu machen. Diese Modelle haben sich in der Praxis weitestgehend durchgesetzt.

2.1 Identitätsbasierte Markentechnik

Das identitätsbasierte Markenmodell, entwickelt in den 1970er- bis 1990er-Jahren von US-amerikanischen und deutschen Marketingexperten, ist bis heute eines der erfolgreichsten Markenmodelle, die weltweit analysiert, angewendet und fortgeführt werden (Blinda, 2003; Burmann et al., 2012). Die Stärke dieses theoretischen Ansatzes besteht darin, dass hier der Markenbegriff sowohl aus der Perspektive des Unternehmens *(inside-out)* als auch aus der des Verbrauchers *(outside-in)* betrachtet und ausgeleuchtet wird (Preuß et al., 2014, S. 58):

„Die Grundidee des identitätsorientierten Markenverständnisses ist die Erweiterung der Outside-in-Perspektive (wirkungsbezogene Markendefinition), die auf die einseitige Ausrichtung der Marke vom Fremdbild der Marke externer Zielgruppen (Markenimage) ausgeht, um die Inside-out-Perspektive, die das Selbstbild der Marke (Markenidentität) aus Sicht innerer Zielgruppen der Institution (…) ausdrückt."

Grundlegend sind die beiden einander ergänzenden Begriffe „Markenidentität" und „Markenimage". Die „Markenidentität" (Blinda, 2003, S. 13) bezeichnet das Markenbild aus der *internen Sichtweise* des Unternehmens. Hierzu gehören neben dem visuellen Erscheinungsbild und den ökonomischen Realitäten des Unternehmens und seiner Marken auch Aspekte der Tradition, Herkunft und Historizität.

Das „Markenimage" wiederum umfasst die *externen Sichtweisen* aller anderen Anspruchsgruppen und Marktteilnehmer. Marken sind, wie bereits häufiger festgestellt, primär emotional besetzte Vorstellungsbilder im Bewusstsein ihrer Anspruchsgruppen; die Aufgabe der Markenkommunikation besteht entsprechend darin, diese Bilder zu evozieren, zu stärken, zu modifizieren und zu lenken.

Im übergeordneten Markenbegriff stehen Unternehmensinteresse und Verbraucherperspektive einander gegenüber. Das identitätsbasierte Markenmodell versucht erstmalig, objektive und subjektive Faktoren des Markenbegriff gleichermaßen zu berücksichtigen (Burmann et al., 2012, S. 71; Hervorhebung d. Verf.):

„Die *Markenidentität* bringt diejenigen Merkmale einer Marke zum Ausdruck, für welche die Marke zunächst nach innen und später nach außen steht bzw. zukünftig stehen soll. Demnach handelt es sich bei der Markenidentität um ein *Aussagenkonzept*. Das *Markenimage* ist als ein *Marktwirkungskonzept* zu verstehen (…)."

Markenidentität und Markenimage sind nicht als statische Begriffe zu verstehen. Vielmehr sind beide stets dynamisch im Wandel, wenn auch ihre Kernbestände unangetastet bleiben. Warum dynamisch? Auch Marken und ihre Kommunikation bewegen sich innerhalb des Rahmens sozialer, technologischer und ökonomischer Bedingungen. Dieser jedoch ist einem kontinuierlichen, gelegentlich sogar disruptivem Wandel unterworfen. Unternehmen sind, um erfolgreich zu bleiben, darauf angewiesen, sich diesem Wandel permanent anzupassen und ihn dadurch mitzugestalten. Stillstand kommt innerhalb dieses Konzeptes dem Bedeutungsverlust gleich. Ausnahmen hiervon sind allenfalls in Produkt- und Marktnischen zu finden.

Markenkommunikation und Markenführung im Sinne des identitätsorientierten Markenmodells bedeutet, *Markenidentität* (die innere Sichtweise und Realität des

2.1 Identitätsbasierte Markentechnik

Unternehmens und seiner Marken) und *Markenimage* (das Vorstellungsbild der Anspruchsgruppen) *möglichst kongruent zu gestalten* – was im Einzelfall jedoch nur annäherungsweise gelingen kann. Das identitätsorientierte Markenmodell ist also im Kern ein Idealbild, welches eine Richtung vorgibt.

Doch auch diese Richtung lässt sich klar benennen, denn sie ist durch das ökonomische und kommerzielle Interesse des Unternehmens definiert (Blinda, 2003, S. 13):

> „Die Markenidentität stellt die notwendige Bedingung für die Entwicklung und Festigung des Vertrauens der Konsumenten in die Marke dar, die sich letztendlich in einer hohen Kundenbindung und Markentreue widerspiegelt."

Markenkommunikation ist als ein Prozess zu verstehen, um Markenidentität und Markenimage im ökonomischen Interesse des Unternehmens zu gestalten und beide Sichtweisen einander anzugleichen. Auf diese Weise werden Diskordanzen vermieden und Selbstwidersprüche vermieden. Das dualistische Konzept der identitätsbasierten Marke versucht, Unternehmensinteresse und Konsumentenperspektive dauerhaft miteinander in Einklang zu bringen (Blinda, 2003, S. 14, Hervorhebung d. Verf.):

> „Die Markenidentität bildet das Selbstbild einer Marke. Es repräsentiert die Betrachtungsperspektive der internen Bezugsgruppen und bringt die spezifische Individualität der Marke zum Ausdruck. *Demnach handelt es sich um ein Aussagenkonzept.* (…) Während die Markenidentität die Aktionsebene der Markenführung repräsentiert, *handelt es sich beim Markenimage um die Wirkungsebene.* (…) Das Markenimage verkörpert die Sicht externer Bezugsgruppen von der Marke (Fremdbild). (…) *Demnach handelt es sich um ein Akzeptanzkonzept.*"

Aussage und *Akzeptanz* stehen in einem spannungsvollen Wechselspiel zueinander. Erst, wenn Konsumenten und Anspruchsgruppen die Inhalte der Markenkommunikation übernommen und internalisiert haben, kann von Markenakzeptanz, -vertrauen und -bindung überhaupt gesprochen werden (Blinda, 2003):

> „Eine starke Markenidentität bildet sich erst über einen langen Zeitraum als Folge der Wechselwirkungen von marktorientierten Handlungen entsprechend der jeweiligen Kompetenzen und der Wahrnehmung dieser Handlungen durch den Konsumenten."

Doch warum sollten Konsumenten und Anspruchsgruppen den interessegeleiteten Aussagen eines Unternehmens und seiner Marken Glauben schenken? Das identitätsbasierte Kommunikationskonzept geht nur dann auf, wenn Produkte und

Marken glaubwürdig einen unmittelbaren oder mittelbaren Verbrauchernutzen repräsentieren können. Burmann et al. sprechen von einem „Nutzenbündel"; es können sich also mehrere Vorteile aus der Konsumentenperspektive überlagern (Burmann et al., 2012, S. 55 f.):

> „Der Ansatz des identitätsbasierten Markenmanagements definiert eine Marke als Nutzenbündel mit spezifischen Merkmalen, die dafür sorgen, dass sich dieses Nutzenbündel gegenüber anderen Nutzenbündeln, welche dieselben Basisbedürfnisse erfüllen, aus Sicht relevanter Zielgruppen nachhaltig differenziert. (…) Für den Aufbau einer stabilen Marke-Nachfrager-Beziehung ist es wichtig, dass Nachfrager das abgegebene Markennutzenversprechen auch als authentischen und daher glaubwürdigen Ausdruck der Marke anerkennen. D. h., die Marke darf sich mit ihrem Markennutzenversprechen nicht anders nach außen darstellen, als sie es von ihrer inneren Identität her ist."

Eine Marke muss also ein *glaubwürdiges Nutzenversprechen* repräsentieren, um marktrelevant zu bleiben. Was als nützlich und vorteilhaft gilt, definiert allerdings nicht das Unternehmen, sondern das definieren die Konsumentinnen und Konsumenten. Erneut wird die dualistische Grundkonzeption des identitätsbasierten Markenmodells deutlich: Unternehmens- und Verbraucherperspektive sollen zu einer für beide Seiten vorteilhaften Synthese gebracht werden.

Während Nutzen und Vorteil im Sinne des Markenimages unmittelbar und gegenwartsbezogen sind, hat die Markenidentität zusätzlich eine starke *historische Dimension* (Preuß et al., 2014, S. 19):

> „Die Markenidentität wurzelt tief in der Markenherkunft, welche eng mit der Markenhistorie verbunden ist. Sie umfasst alle geografischen, kulturellen, institutionellen Einflüsse, aber auch sämtliche Ereignisse der Vergangenheit, die mit der Geschichte der Marke in Verbindung gebracht werden."

Heritage, Tradition und Verwurzelung in einem komplexen kulturellen System sind für die Identität einer Marke aus der Innenperspektive des Unternehmens von grundlegender Bedeutung. Die nationale Herkunft eines Produktes etwa kann ein ausschlaggebendes Kaufargument sein. „Made in Italy", „Made in France", „Made in Germany" verkörpern eben nicht nur ein spezifisches Herkunftsland, sondern bergen, je nach Produktkategorie, zugleich ein spezifisches Qualitätsversprechen.

Selbstwahrnehmung und Fremdwahrnehmung sind schon im Alltagsleben selten, vielleicht sogar niemals, kongruent. Dasselbe gilt für das Wirtschaftsleben und seine symbolischen Ausdrucksformen in Marken und Markenbildern. Was ein beliebiges Subjekt über eine Unternehmensmarke denkt, ist keinesfalls identisch

2.1 Identitätsbasierte Markentechnik

mit dem Selbstbild des Unternehmens. Um dennoch eine Annäherung zwischen beiden Polen – Unternehmen und Verbraucher – zu erreichen, werden oftmals Marken mit Persönlichkeiten gleichgesetzt. Denn nur Persönlichkeiten bieten das Potenzial einer tiefgreifenden psychologischen Identifikation (Baumgarth, 2001, S. 22, Hervorhebung d. Verf.):

> *„Der identitätsorientierte Markenansatz basiert auf Überlegungen zur Identität von Personen.* (…) Allgemein versteht man unter der Markenidentität die Summe der Merkmale einer Marke, die diese von anderen dauerhaft unterscheidet. Die Markenidentität bildet das Selbstbild einer Marke aus Sicht der internen Anspruchsgruppen und steht in Wechselbeziehung zum Fremdbild der Markenidentität."

Die Außenperspektive der Marke (Markenimage) wird durch subjektive Vorstellungsbilder repräsentiert. Diese Vorstellungsbilder und subjektiven Repräsentationen (Images) sind das Ergebnis einer kontinuierlichen, zielgerichteten und medial in Szene gesetzten Markenkommunikation. Diese Kommunikation, etwa in Form von Marketingmaßnahmen, Werbung und Public Relations, erfolgt nicht willkürlich, sondern regelbasiert. Wechselseitigkeit, Kontinuität, Konsistenz und Individualität sind hierfür maßgeblich (Baumgarth, 2001)

- **Wechselseitigkeit:** Markenidentität ist gleichbedeutend mit Abgrenzung gegenüber konkurrierenden Produkten, Marken und Dienstleistung. Es geht um Distanzierung, Singularisierung und Wiedererkennbarkeit. Jede Marke bezieht sich dadurch implizit auf ihre Wettbewerber.
- **Kontinuität:** Der Aufbau einer konsistenten Markenidentität erfordert Zeit, Investment und Geduld. Materielle Kontinuität (Investment) und eine mittel- und langfristige Zielverfolgung (Image) sind für die Markenidentität unabdingbar.
- **Konsistenz:** Hierfür ist die Detailabstimmung aller nach innen und außen gerichteten Marketingaktivitäten zur Vermeidung von widersprüchlichen Botschaften notwendig.
- **Individualität:** Die Marke soll von den Anspruchsgruppen, vor allem von den Konsumierenden, als einzigartig, unverwechselbar und individuell wahrgenommen werden; als eine Marke, die zu der Persönlichkeit und den Bedürfnissen der Verbraucherinnen und Verbraucher passt.

Zusammengefasst: Identitätsbasierte Markenmodelle bringen objektive und subjektive Faktoren, nämlich die Unternehmens- und die Verbraucherperspektive zusammen. Markenkommunikation (Marketing, Werbung, Public Relations,

Social Media Content etc.) ist das Mittel, um eine weitestgehende Übereinstimmung zwischen Selbstbild (Markenidentität) und Fremdbild (Markenimage) zu erreichen und diese möglichst stabil zu halten. Die Motivation hierfür ist ausschließlich ökonomisch. Markenidentität und Markenimage sind dynamische Begriffe und dem gesellschaftlichen, wirtschaftlichen und technologischen Wandel unterworfen.

2.2 Markenmodelle und Markenarchitekturen

Alle Unternehmen, die Marken führen – sei es als Produkt- oder als Dienstleistungsmarken – stehen vor der Herausforderung, tragfähige Markenarchitekturen zu entwickeln, um im Wettbewerb zu bestehen und mögliche Marktexpansionen auf robuster Basis zu gestalten (Esch, 2012, S. 502):

„Unter einer Markenarchitektur versteht man die Anordnung aller Marken eines Unternehmens zur Festlegung der Positionierung und der Beziehung der Marken und der jeweiligen Produkt-Markt-Beziehungen aus strategischer Sicht."

Ziel der Markenarchitektur ist es, größtmögliche Synergiepotenziale zwischen den Marken zu schaffen. Darüber hinaus geht es darum, den Zielgruppen einen schnellen, klaren und intuitiven Überblick über das eigene Markenportfolio zu geben. Für die Etablierung und Weiterführung von Marken haben sich in der globalen Unternehmenspraxis mehrere Modelle etabliert und bewährt. Die unterschiedlichen Markenmodelle spiegeln nicht nur unterschiedliche Markenhistorien, sondern sind vielfach auch ökonomisch, strategisch und juristisch motiviert (Langenscheidt, 2012, S. 7).

In Marketingliteratur und Unternehmenspraxis haben sich drei klassische Markenstrategien durchgesetzt: die *Dachmarken-, Einzelmarken-* und die sogenannte *Familienmarkenstrategie* (vgl. Esch, 2012, S. 501 ff.). Obwohl sie sich in Differenzierungsgrad und Ausgestaltung stark voneinander unterscheiden, haben die drei genannten Markenstrategien eines gemeinsam. Ihre Zielausrichtung ist jeweils identisch, nämlich die Erreichung des maximalen Markterfolgs und einer möglichst tiefen Marktdurchdringung. Die gewählte Markenstrategie ist eine verbindliche Festlegung mit dem ultimativen Zweck, durch sie und ihre Gültigkeit erfolgreicher zu sein als mit einer alternativen Strategie. Die Markenstrategie ist das Ergebnis einer gewollten Entscheidung, die – einmal getroffen – konsequent umgesetzt wird.

2.2 Markenmodelle und Markenarchitekturen

Im Folgenden werden die drei Markenstrategien mit ihren wichtigsten Merkmalen und einigen Anwendungsbeispielen vorgestellt (vgl. Esch, 2012; Menninger & Robers, 2006).

- **Wesensmerkmale der Einzelmarkenstrategie:** Hinsichtlich Erscheinung und Ausdrucksform sind alle Marken eines Unternehmens komplett unterschiedlich. Dies gilt sowohl inhaltlich für Anwendung und Nutzen als auch formal für die Erscheinungsform (Logo, Design, Marketing). Typische Beispiele sind das Produktportfolio von Procter & Gamble (P&G) oder die Automobilmarken von Volkswagen, die von der günstig-gediegenen Marke Seat bis zur sportlich-luxuriösen Marke Porsche reichen. Die großen Holdings der internationalen Werbeagenturen (Omnicom, Publicis Group, WPP) verfolgen ebenfalls konsequent eine Einzelmarkenstrategie. Das Gleiche gilt für die Zeitungsmarken und sonstigen Beteiligungen der Berliner Axel Springer Group. Der Vorteil der Einzelmarkenstrategie liegt in ihrer Vielfalt und Beweglichkeit. Gegenüber potenziellen Kunden und Rezipienten wird eine pluralistische Wahlfreiheit simuliert, ebenfalls können konträre Marktentwicklungen ausgeglichen werden.
- **Wesensmerkmale der Familienmarkenstrategie:** Einzelne Produktmarken des Unternehmens sind ausdifferenziert und unterschiedlich positioniert, behalten jedoch eine sichtbare Familienähnlichkeit. Anwendungsgebiet und Warensegment werden beibehalten, oftmals auch der Markenname. Kosmetikmarken erweitern häufig durch die Wahl der Familienstrategie ihr Produktportfolio. Klassisches Beispiel ist die Marke Nivea (Beiersdorf), deren Ausgangsprodukt eine Handcreme ist. Mittlerweile jedoch wird eine Vielzahl von Hautpflegeprodukten vertrieben. Der Markenname Nivea, die farbliche Anmutung eines tiefen Blautons bei der Verpackung sowie inhaltlich das breite kosmetische Anwendungsgebiet von Kosmetik und Pflege (Sonnencreme, Shampoo, Rasiercreme, Deodorant etc.) werden konsequent beibehalten.
- **Wesensmerkmale der Dachmarkenstrategie:** Charakteristisch für die Dachmarkenstrategie ist ihre monothematische Kommunikation. Jede Dienstleistung und jedes Produkt des Unternehmens firmiert unter einer einzigen Marke. Menninger und Robers (2006, S. 253) formulieren treffend: „Unter einer Dachmarke werden sämtliche Produkte eines Unternehmens in einer einheitlichen Marke zusammengefasst (…). Sie kommt häufig bei Industrieunternehmen oder Dienstleistern vor. Im Vordergrund steht die Profilierung durch den Firmennamen im Sinne eines Kompetenz- und Leistungsversprechens. Die Gesamtmarke überstrahlt die einzelnen Produkte." Klassische Beispiele einer solchen Dachmarkenstrategie sind die Unternehmen Siemens, Bosch oder

auch Würth und Voith. Insbesondere im technikaffinen B-to-B-Bereich werden Dachmarkenstrategien oftmals und erfolgreich angewandt. Hier geht es darum, komplexe Leistungen und Expertisen – vom Walzwerk bis zum Aufzug, vom Motorblock bis zur Rangierlok, von der Zündkerze bis zur Lichtanlage – unter einem Markendach zu vereinen und in der Diversität der Leistungen dennoch wiedererkennbar zu bleiben.

Durch Unternehmenszukäufe (Mergers & Acquisitions), die Verbreiterung des Markenportfolios und nicht zuletzt durch das radikal veränderte Kommunikationsverhalten in digitalen Medien bleiben Markenstrategien flexibel, entwickeln Mischformen und Marktanpassungen. Die drei genannten klassischen Markenstrategien werden zunehmend ausdifferenziert. Auf diese Weise entstehen *hybride Markenformen,* die sich nicht mehr eindeutig in eines der klassischen Modelle einordnen lassen. Submarken, Markendehnungen, -erweiterungen sowie völlig neue Produktkategorien kommen hinzu. Ebenfalls können durch Kooperationen mit anderen Marken sowie mit prominenten Einzelpersonen (Sportler, Stars, Influencer) neue Markendesiderate entstehen. Dies gilt insbesondere für Konsummarken.

Die Definition, Entwicklung, Durchsetzung und Anpassung der Markenstrategie ist eine Managementaufgabe von zentraler Bedeutung für den Markterfolg des Unternehmens (Esch, 2012, S. 664). Als symbolische Artefakte sind Marken außerordentlich anfällig für Veränderungen und vermeintliche Optimierungen.

Zwischen ökonomischem Nutzwert und symbolischem Vorstellungswert der Marke und der Produkte besteht eine unauflösliche Diskrepanz. Markenführung und Markenkommunikation sind der Versuch, Markenvorstellung und Markenwirklichkeit in Einklang zu bringen.

Die Marken eines Unternehmens können strategisch unterschiedlich positioniert werden. Die Entscheidung über diese Positionierung ist Aufgabe des Managements. Doch auch das Unternehmen selbst kann ganz unterschiedlich nach außen dargestellt und im Feld seiner Mitbewerber positioniert werden. In der Marketingliteratur werden daher, neben Markenstrategien, auch mögliche *Unternehmensidentitäten* diskutiert (Schmitt & Simonson, 1998, S. 96 ff.). Je nach Branche, Organisationsgrad, Verbreitung und Diversität des Angebotsportfolios dominieren drei mögliche Unternehmensidentitäten:

- Monolithische Identitäten
- Markenorientierte Identitäten
- Unterstützte Identitäten

2.2 Markenmodelle und Markenarchitekturen

Die monolithische Unternehmensidentität
Diese ist besonders bei Industriekonzernen und B-to-B-Unternehmen verbreitet. Die monolithische Unternehmensidentität bietet den Vorteil einer hochgradigen Integration von Mutter- und Tochtergesellschaften des Unternehmens. Mögliche Nachteile: Die monolithische Identität wird im Laufe der Zeit amorph und versteinert.

Im Zuge von Übernahmen werden monolithische Unternehmensidentitäten oftmals aufgebrochen – eine neue Marke entsteht. Prominentes Beispiel aus der deutschen Industriegeschichte ist die Fusion der beiden Stahlunternehmen Thyssen und Krupp zur ThyssenKrupp AG.

Die markenorientierte Unternehmensidentität
Bei Unternehmen der Konsumgüterindustrie lässt sich häufiger das Phänomen beobachten, dass die Einzelmarken bekannter sind als das dahinterstehende Unternehmen. Der französischen Luxusholding Kering schadet es keineswegs, dass sie weniger bekannt ist als ihre Einzelmarken Gucci, Balenciaga oder Bottega Veneta. Im Gegenteil, die Einzelmarken strahlen umso heller, je unabhängiger sie erscheinen.

Die markenorientierte Unternehmensidentität ist eine bewusste Entscheidung des Managements: „Ein Unternehmen kann sich (…) für den Aufbau einer eigenständigen Marke entscheiden, weil das Markenimage nicht von einer Verbindung zum Unternehmen profitiert." (Schmitt & Simonson, 1998, S. 100)

Die unterstützte Unternehmensidentität
Sie ist eine Mischform zwischen der monolithischen und der markenorientierten Identität und nutzt die Vorteile des jeweiligen Modells. Im Rahmen einer unterstützten Identität profitiert das Unternehmen von der Stärke seiner Marken und umgekehrt. Als strategische Hybridform nutzt die unterstützte Unternehmensidentität partiell die jeweiligen Vorteile alternativer Markenführungskonzepte.

Weltmarken wie Mercedes oder ThyssenKrupp (produzierende Industrie), Saint Laurent, Louis Vuitton oder Armani (Mode, Luxus und Lifestyle), Apple und Microsoft (digitale Informationstechnik, Software und Hardware) oder Ben & Jerry's (Genussmittel) sind mehr als bloß wirtschaftliche Einheiten. Im Bewusstsein der Weltöffentlichkeit und der Anspruchsgruppen stehen sie – jeweils in ihrem Segment – für eine spezifische Marken- und Unternehmensidentität. Diese ist das Ergebnis kontinuierlicher Kommunikationsdisziplin, strategischer Präzision und rigider Kontrolle.

Aus den genannten Markenstrategien und -identitäten lassen sich ebenfalls Markenarchitekturen und -hierarchien ableiten. Dabei wird die Verbindung der einzelnen

Marken zueinander geklärt und eine Priorisierung vorgenommen. Kannibalisierungseffekte, bei denen die Marken eines Unternehmens in einem destruktiven Konkurrenzverhältnis zueinander stehen, sollen dadurch weitestgehend vermieden werden. Für den Aufbau einer Markenarchitektur ist die Beantwortung der folgenden Fragen relevant:

- Welche Einzelmarke ist dominant?
- In welchem Verhältnis stehen die Marken zueinander?
- Ist die Produktmarke wichtiger als die Unternehmensmarke?
- Welche Rollen spielen Zukäufe?
- Wird das Unternehmen in der Markenkommunikation genannt?

Diese Fragen lassen sich nicht summarisch, sondern nur im Einzelfall beantworten. Die wichtigsten Ziele jeder Markenstrategie und Markenarchitektur sind die Stärkung des Unternehmens als wirtschaftlicher Akteur im Markt und die kontinuierliche Steigerung, zumindest Beibehaltung, der Profitabilität.

2.3 Integrierte Unternehmenskommunikation

Das Konzept der „integrierten Kommunikation" wurde in den 1970er-Jahren entwickelt und von dem in Basel lehrenden Betriebswirt und Marketingexperten Manfred Bruhn im deutschsprachigen Raum popularisiert (Schwarz & Braun, 2008). Integrierte Unternehmens- und Markenkommunikation zielt darauf ab, die vielfältigen Botschaften, Kommunikationskanäle und -ebenen aufeinander abzustimmen und in einem Top-down-Prozess zu harmonisieren. Im Idealfall werden Kommunikationsdefizite minimiert und ein konsistenter Kommunikationsauftritt des Unternehmens und seiner Marken wird erreicht (Bruhn, 2008, S. 27):

> „Durch die vielfältigen kommunikationspolitischen Herausforderungen haben Unternehmen eine Neuorientierung ihrer Kommunikationsarbeit vorzunehmen. Eine konsequente Integrationsarbeit kann dazu dienen, die bisher existierenden Defizite abzubauen oder zumindest zu reduzieren und die Voraussetzungen für eine erfolgreiche kommunikationspolitische Profilierung zu schaffen. (…) Integrierte Kommunikation ist ein Prozess der Analyse, Planung, Organisation, Durchführung und Kontrolle, der darauf ausgerichtet ist, aus den differenzierten Quellen der internen und externen

2.3 Integrierte Unternehmenskommunikation

Kommunikation von Unternehmen eine Einheit herzustellen, um ein für die Zielgruppen der Kommunikation konsistentes Erscheinungsbild über das Unternehmen beziehungsweise ein Bezugsobjekt der Kommunikation zu vermitteln."

Einheitlichkeit in der Kommunikation und zugleich Kontrolle über die Inhalte sind die wesentlichen Managementziele hinter dem Konzept der „integrierten Kommunikation" (Schmidt, 2008, S. 294):

„Um das Unternehmen nachhaltig und ertragssichernd führen zu können, ist es unumgänglich, Markenführung und tagesgeschäftliches Handeln über alle Ebenen systematisch miteinander zu verknüpfen."

Dabei werden erstmalig auch die Mitarbeiter als – zumindest potenzielle – Markenkommunikatoren verstanden, die ebenfalls zu einem konsistenten Unternehmens- und Markenbild beitragen können. Mitarbeiterinnen und Mitarbeiter, die aus Überzeugung ihrer Tätigkeit nachgehen und entsprechend positiv über das Unternehmen, für welches sie tätig sind, kommunizieren, sind in der Tat nicht die schlechtesten Markenbotschafter.

Integrierte Unternehmenskommunikation wird explizit als Management- und Führungsaufgabe definiert, die eben nicht nur die Technokraten der Kommunikation betrifft, sondern alle Mitarbeiter eines Unternehmens erreichen muss, um einen positiven Impact zu erzielen. Führung besteht gerade darin, die eigenen Mitarbeiterinnen und Mitarbeiter inhaltlich zu überzeugen. Internalisierte Aussagen und Grundsätze können dann gegenüber Dritten offen kommuniziert werden.

Das Konzept der „integrierten Kommunikation" differenziert externe und interne Zielgruppen. Beide sind gleichermaßen für den Kommunikationserfolg des Unternehmens und seiner Marken wichtig.

- **Interne Zielgruppen:** Mitarbeiterinnen und Mitarbeiter eines Unternehmens auf allen hierarchischen Ebenen
- **Externe Zielgruppen:** Kunden und Konsumenten, Lieferanten, Multiplikatoren (Journalistinnen und Journalisten), Anwohner, kommunale und andere Verwaltungsstrukturen, politische Entscheiderinnen und Entscheider, zivilgesellschaftliche Organisationen (NGOs)

Sowohl die internen als auch die externen Zielgruppen erhalten inhaltlich identische Informationen zu Marke und Unternehmen. Auf diese Weise soll ein schlüssiges Marken- und Unternehmensbild entstehen und Selbstwidersprüche sollen vermieden werden.

Ebenfalls von zentraler Bedeutung ist die Einheitlichkeit der Information, denn nur sie kann die Konsistenz der Unternehmens- und Markenbotschaften nach innen und außen gewährleisten. Aus diesem Grund ist die „inhaltliche Integration" von großer Bedeutung (Bruhn, 2008, S. 31):

> „Ein zentraler Schwerpunkt der integrierten Kommunikation liegt in dem Bemühen, eine inhaltliche Integration vorzunehmen. Sie dient der langfristig angelegten, strategischen Kommunikation von Unternehmen. Die inhaltliche Integration der Kommunikation umfasst sämtliche Aktivitäten, die die Kommunikationsinstrumente und -mittel thematisch durch Verbindungslinien miteinander abstimmen und damit im Hinblick auf die zentralen Kommunikationsziele ein einheitliches Erscheinungsbild vermitteln.
> Als Verbindungslinien können bei der inhaltlichen Integration einheitliche Slogans, Kernbotschaften, Kernargumente, Schlüsselbilder und Verbindungen visueller Bilder mit akustischen Signalen genutzt werden."

Zum Konzept der integrierten Kommunikation gehört auch die Systematisierung und Vereinheitlichung (Standardisierung) der Kommunikationsinhalte und -formen. Diese Vereinheitlichung dient dem Zweck der Wiedererkennbarkeit, Vereinfachung und Durchdringung der Kommunikation. Typisches Beispiel dieser Vereinheitlichung auf formaler Ebene sind das Corporate Design eines Unternehmens (Logo, Slogan, Farben, Proportionen etc.) (Bruhn, 2008, S. 31):

> „Ein (…) Schwerpunkt der integrierten Kommunikation liegt in dem Bestreben, für die unterschiedlichen Kommunikationsmittel formale Vereinheitlichungen vorzunehmen. Im Vergleich zur inhaltlichen Integration ist dies leichter zu realisieren und in den meisten Unternehmen – wenn auch mit unterschiedlichem Verbindlichkeitsgrad – vorzufinden. Die formale Integration der Kommunikation umfasst sämtliche Aktivitäten, die die Kommunikationsinstrumente und -mittel durch Gestaltungsprinzipien miteinander verbinden und damit im Hinblick auf die zentralen Kommunikationsziele eine einheitliche Form des Erscheinungsbildes vermitteln.

Integrierte Kommunikation ist, wie bereits angedeutet, eine Aufgabe des Managements und umfasst, neben formalen und inhaltlichen Aspekten, insbesondere Planung, Organisation und personelle Fragen (Bruhn, 2008, S. 39):

- **Planerische Integrationsaufgaben**
  - Planung, Kontrolle und Evaluation der Kommunikationsmaßnahmen
  - Formulierung der Marken- und Unternehmensziele
  - Benennung und Budgetierung der Kommunikationsinstrumente und -maßnahmen

- Zusammenführung und Steuerung der Maßnahmen in einem definierten zeitlichen Ablauf
- **Organisatorische Integrationsaufgaben**
  - Ausgestaltung einer Informationsstruktur und Kommunikationskultur innerhalb des Unternehmens sowie an seiner Peripherie
  - Gewährleistung eines synchronisierten Kommunikationsprozesses innerhalb des Unternehmens
  - Definition von Abläufen und Reporting
- **Personelle Integrationsaufgaben**
  - Klärung von personellen Tätigkeiten, Kompetenzen und Verantwortlichkeiten im Bereich der Kommunikation
  - Verbesserung und Restrukturierung der Abläufe durch entsprechende Personalentscheidungen
  - Intensivierung der Kommunikationen von oben nach unten, aber auch von innen nach außen

Das Konzept der integrierten Kommunikation geht von einem stark hierarchisch geprägten Unternehmensleitbild aus, bei dem alle wesentlichen Entscheidungen zentral von oben nach unten weitergegeben werden. Partizipation ist hier nur im Sinne der Durchführung, nicht der Mitgestaltung möglich. Für familiär geprägte Mittelständler sowie innerhalb von Konzernstrukturen ist das Konzept der integrierten Kommunikation ein plausibles Modell; Unternehmen mit flachen Hierarchien werden eher eine partizipativ und egalitär angelegte Unternehmenskultur bevorzugen, die stark auf Eigenverantwortung setzt (Dru, 2019).

Der Grundgedanke der integrierten Unternehmens- und Markenkommunikation, nämlich Vereinheitlichung und Wiedererkennbarkeit aller Kommunikationsmaßnahmen, hat jedoch weiterhin uneingeschränkt Gültigkeit. Eine Marke steht für Inhalte und Werte – Assoziationen und Erwartungen –, die durch adäquate Kommunikationsstrukturen und -maßnahmen gelenkt werden können. Markenkommunikation behauptet nicht zuletzt einen inhaltlichen Führungsanspruch, dem das Konzept der integrierten Kommunikation entspricht.

Allerdings entstand die Ursprungsidee der integrierten Kommunikation einige Zeit vor der digitalen Informationsrevolution und muss daher permanent an die geänderten technologischen Parameter angeglichen werden.

Zusammenfassung Kap. 2

Modelle dienen dem Zweck, in Theorie und Praxis begründbare (wenn auch stets vereinfachte) Wirklichkeitsentwürfe zu entwickeln, die als Orientierung und Muster für konkrete Entscheidungen und Handlungen dienen. Diese Funktion haben auch Markenmodelle. Sie wollen veranschaulichen, wie der Begriff der Marke in der Kommunikationsarbeit eingesetzt werden kann. Dabei ist das Ziel stets die Wertsteigerung der Marke. Die Grundmotivation von Markenmodellen ist also stets ökonomisch.

Eines der prominentesten anwendungsorientierten Modelle in diesem Zusammenhang ist das identitätsbasierte Markenmodell (auch Markentechnik genannt). Dieses Modell unterscheidet zwischen der Binnenperspektive der *Markenidentität* und der Außenperspektive des *Markenimages*. Markenkommunikation besteht nach diesem Modell darin, beide Perspektiven einander anzunähern und etwaige negative Assoziationen zu überdecken. Die identitätsbasierte Markentechnik ist in besonders hohem Maße praxisorientiert und liefert wichtige Anhaltspunkte zur Unternehmenskommunikation.

Unternehmen können ihre Marken unterschiedlich positionieren und voneinander differenzieren. In der Marketingliteratur werden Einzelmarken, Familienmarken und Dachmarken unterschieden. Die Einzelmarkenstrategie zielt darauf ab, eine möglichst hohe Markenvielfalt innerhalb eines Unternehmens beizubehalten, um nach außen eine große Angebotsbreite darstellen zu können. Die Familienmarkenstrategie verfolgt das Ziel einer moderaten Markendifferenzierung. Die einzelnen Produktmarken heben sich voneinander ab, weisen aber auch zahlreiche Gemeinsamkeiten auf (z. B. Designelemente oder Namenszusätze). Die Dachmarkenstrategie schließlich lässt unterschiedliche Produkte, aber keine unterschiedlichen Marken zu. Auf diese Weise wird ein Höchstmaß an Kohärenz – aber eben auch Monotonie – geschaffen.

Die integrierte Unternehmenskommunikation zielt darauf ab, alle Kommunikationsabläufe innerhalb eines Unternehmens zu harmonisieren und zu synchronisieren. Auf diese Weise wird eine einheitliche Kommunikation nach innen und außen vertreten, verbindlich für alle Hierarchiestufen des Unternehmens. Alle Anspruchsgruppen des Unternehmens erhalten identische und widerspruchsfreie Informationen. Ultimatives Ziel der integrierten Unternehmenskommunikation ist es, identische Vorstellungsbilder im Bewusstsein der Anspruchsgruppen zu erschaffen und zu pflegen.

Literatur

Baumgarth, C. (2001). *Markenpolitik. Markenwirkungen – Markenführung – Markenforschung.* Gabler.

Blinda, L. (2003). Relevanz der Markenherkunft für die identitätsbasierte Markenführung. LiM Arbeitspapiere, hrsg. v. C. Burmann. Universität Bremen, Lehrstuhl für Angewandte Betriebswirtschaftslehre. https://media.suub.uni-bremen.de/bitstream/elib/6196/3/LiM-AP-02-Markenherkunft.pdf. Zugegriffen: 29. Dez. 2023.

Bruhn, M. (2008). Integrierte Kommunikation. In T. Schwarz & G. Braun (Hrsg.), *Leitfaden Integrierte Kommunikation* (S. 23–79). Absolit.

Burmann, C., König, V., & Meurer, J. (2012). *Identitätsbasierte Luxusmarkenführung. Grundlagen – Strategien – Controlling.* Springer Gabler.

Dru, J.-M. (2019). *Thank you for disrupting.* Wiley.

Esch, F.-R. (2012). Marke und Markendehnung. In F. Langenscheidt (Hrsg.), *Marke10. 10 Themen, 10 Experten, 10 Seiten* (S. 31–40). Deutsche Standards Editionen.

Langenscheidt, F. (Hrsg.). (2012). *Marke10.* Deutsche Standards Editionen.

Menninger, J., & Robers, D. (2006). Markenwert – Paradigmenwechsel im Marketing? In N. O. Herbrand & S. Röhrig (Hrsg.), *Die Bedeutung der Tradition für die Markenkommunikation. Konzepte und Instrumente zur ganzheitlichen Ausschöpfung des Erfolgspotenzials Markenhistorie* (S. 239–259). Edition Neues Fachwissen.

Preuß, H., Huber, F., Schunk, H., & Könecke, T. (Hrsg.). (2014). *Marken und Sport. Aktuelle Aspekte der Markenführung im Sport und mit Sport.* Springer Gabler.

Schmidt, M. (2008). Marken evolutiv stärken – Auch in der Globalisierung. In A. Deichsel & M. Schmidt (Hrsg.), *Jahrbuch der Markentechnik 2008/2009* (S. 73–99). Deutscher Fachverlag.

Schmitt, B., & Simonson, A. (1998). *Marketing-Ästhetik. Strategisches Management von Marken, Identity und Image.* Econ.

Schwarz, T., & Braun, G. (Hrsg.). (2008). *Leitfaden Integrierte Kommunikation.* Absolit.

Produkt und Marke 3

Zusammenfassung

Der Markenbegriff lässt sich auf unterschiedliche Produktkategorien anwenden. Typische Verbraucherprodukte (z. B. Kleidung) gehören ebenso dazu wie komplexe Dienstleistungen. Marken richten sich zudem an völlig unterschiedliche Ziel- und Anspruchsgruppen, entsprechend unterschiedlich sind die Kommunikationswege und Argumentationslinien. Je nach Preissegment (z. B. verknappte Luxusgüter oder Massenprodukte) variieren Kundenansprache und Kommunikationsmedien. Doch so divergent die Kommunikationsformen auch sein mögen, in zwei wesentlichen Aspekten stimmen sie überein. Markenkommunikation strebt immer nach Differenzierung und nach einem glaubwürdigen Qualitätsversprechen.

Worin unterscheidet sich ein Markenprodukt von einem Erzeugnis ohne Markenzeichen? Die Produkteigenschaften sind es wohl nicht. Damit würde aber auch das relevante Erkennungs- und Unterscheidungsmerkmal entfallen. Gerade diese erstrebte Differenzierung eines Produktes von anderen Objekten vergleichbarer Leistungsfähigkeit und Qualität ist einer der stärksten Treiber der Markenführung und -kommunikation (Esch, 2012, S. 10):

„Die Differenzierung zwischen (…) Produkten und Marken ist heutzutage ein „Muss". Marken übernehmen eine Identifikations- und Differenzierungsfunktion, aus der meist eine Bevorzugung bei ansonsten austauschbaren Produkten und Dienstleistungen entsteht. Sie reichern diese mit einem emotionalen Mehrwert an, der kapitalisierbar ist. Er spiegelt sich entweder in größeren Absatzmengen und/oder in höheren Preisen wider."

Markenprodukte können sich materiell *und* immateriell von anderen (Konkurrenz)Produkten unterscheiden. Sie unterscheiden sich *materiell* durch bestimmte Fertigungsweisen, patentierte Produktionsverfahren, durch Materialeigenschaften, Konsistenz, Design, Robustheit etc. All dies sind beschreibbare, in der Wirklichkeit fraglos vorhandene Phänomene. Sie alle beschreiben das Markenprodukt als physisches Objekt.

Die *immateriellen* Eigenschaften eines Produktes liegen in den Werten, Vorstellungen und emotionalen Einstellungen, die es im Bewusstsein der Marktteilnehmer und Anspruchsgruppen evoziert. Markenkommunikation und -führung besteht darin, materielle und immaterielle Eigenschaften des Produktes und der Marke auf einer glaubwürdigen, verlässlichen und möglichst stabilen Ebene zusammenzuführen.

3.1 Identifizierungsmerkmal und Qualitätsversprechen

Woran erkennt man eigentlich eine Marke? In der betriebswirtschaftlich motivierten Marketingliteratur (vgl. u. a. Esch, 2012; Baumgarth, 2001; Schäfer, 2010) herrscht weitestgehend Konsens darüber, dass ein Markenprodukt einen höheren sowohl immateriellen als auch materiellen Wert repräsentiert als ein Produkt, welches keine Kennzeichnung als Herkunfts- und Qualitätshinweis trägt. Markenprodukte sind gegenüber den Verbrauchern u. a. durch Verpackung, Design, Markenlogo und Provenienz kenntlich gemacht. Selbst wenn ein namenloses Produkt über vergleichbare oder sogar überlegene Qualitätseigenschaften verfügt, fällt es in der Gunst der Endverbraucher gegenüber dem Markenprodukt spürbar ab (vgl. Burmann et al., 2012). Markenprodukte können also ein höheres Preispotenzial realisieren als namenlose Produkte und erzielen eine höhere Käuferloyalität. Dafür jedoch müssen Markenprodukte kontinuierlich in Kommunikation und Marketing investieren.

Die Kennzeichnung eines Produktes als Markenprodukt birgt unmittelbare monetäre Anreize und ist der wesentliche wirtschaftliche Treiber von Markenstrategie und Markenpositionierung. Dabei verfügt ein Markenprodukt über

3.1 Identifizierungsmerkmal und Qualitätsversprechen

eine Vielzahl kommunikativer Möglichkeiten, die ihm einen Wettbewerbsvorteil gegenüber konkurrierenden Angeboten verschaffen. Nur Markenprodukte, die zielgerichtete Kommunikation systematisch als Teil der Wertschöpfung einsetzen, verfügen über ein klar definiertes und profiliertes Markenimage. Dieser *subjektive Vorstellungswert* ist der entscheidende Faktor für die Kaufentscheidung des Konsumenten. Die Kaufpräferenz in saturierten Märkten liegt gerade nicht in objektiven Qualitätsstandards, die von vielen Produkten eingehalten oder sogar übertroffen werden, sondern in *subjektiv empfundenen Markenwerten*, die sich lediglich emotional beschreiben lassen: „Sympathie", „Stil" und „Gefallen", „Werte" und „Wertaffinitäten", „Vertrautheit" – um nur einige typische Markenattribute zu nennen.

Diese subjektiven Eindrücke lassen sich kommunikativ unterstützen und steuern. Das Ergebnis dieser zielgerichteten Markenkommunikation verleiht Produkten eine unverwechselbare Identität. Produkteigenschaften und -technologien können leicht von Konkurrenten imitiert oder sogar übertroffen werden. Die sogenannte „Unique Selling Proposition" (USP), die einzigartige Produkteigenschaft und -technologie, wird erfahrungsgemäß rasch egalisiert. Dies insbesondere in Märkten, deren Produkte generischer Natur sind wie z. B. die Branchen Mobilität, Mode, Ernährung und Unterhaltung. Anstelle der „Unique Selling Proposition" tritt hier die „Unique Communication Proposition" – die Einzigartigkeit der Marke als Vorstellungsbild und Repräsentation von Emotionen, Werten und Erlebnissen.

Die Positionierungsentscheidung für eine Marke ist stark abhängig von den gewählten Produktspezifika. Die Marke Volvo beispielsweise appelliert kognitiv an das Sicherheitsbewusstsein ihrer Kunden, während BMW Fahrfreude und Sportlichkeit unterstreicht. Mercedes-Benz hingegen betont den Luxuscharakter der eigenen Produkte. Alle drei Marken bieten Modelle im gleichen Preissegment an. Ihre Differenzierung erfolgt nicht über objektive Parameter, sondern über subjektiv empfundene Vorstellungen wie Design, Ästhetik, Image und Status.

Marken müssen, wenn sie ihre Marktrelevanz behalten oder sogar ausbauen möchten, Kundenerwartungen erfüllen und antizipieren. Typische Fragestellungen lauten:

- Was sind gegenwärtige und zukünftige Erwartungen der Zielgruppe?
- Wie positionieren sich konkurrierende Unternehmen?
- Wie können veränderte Erwartungen seitens der Anspruchsgruppen frühzeitig erkannt und in das Produktportfolio aufgenommen werden?

Übergeordnetes Ziel ist es, einer Markenerosion entgegenzuwirken und möglichst mit der Marke zu wachsen. Um die Markenerosion nachhaltig zu verhindern, müssen Marken fortlaufend den Kundenerwartungen angepasst und durch Innovationen, sei es beim Produkt oder in der Kommunikation, aktualisiert werden (vgl. Esch, 2012). Diese Innovationen müssen nicht zwingend technischer Natur sein; sie können genauso gut sozialtechnische Innovationen darstellen, z. B. die massive Ausdehnung von Kosmetikprodukten für Männer als Ausdruck sich wandelnder gesellschaftlicher Rollenmuster und Schönheitsideale. Gerade die sich dramatisch verändernden Vorstellungen von Geschlecht, Schönheit und Hygiene eröffnen dem Kosmetik- und Modemarkt völlig neue Anspruchsgruppen und Geschäftspotenziale. Diese müssen aber auch entsprechend identifiziert und adressiert werden.

Eine Alternative zur permanenten Produktinnovation ist die Expansionsstrategie, d. h. die Eroberung neuer Märkte, auf denen die Marke bislang noch nicht präsent gewesen ist. Dabei ist darauf zu achten, dass die Marke ihre authentischen Eigenschaften beibehält. Im globalisierten Marketing fällt eine inkonsistente Markenpositionierung sofort ins Auge. Die Globalisierung von Marken in den internationalen Wachstumsmärkten, vor allem im asiatischen Raum, hat zu einem regelrechten Boom westlicher Marken in Fernost geführt. Umgekehrt spüren europäische Markenunternehmen immer stärker die Konkurrenz aus Fernost.

Markeninternationalisierung bietet branchenübergreifend im Augenblick sicherlich das größte wirtschaftliche Potenzial, allerdings werden die Abhängigkeiten von politischen Parametern immer stärker deutlich. Auch Marken sind abhängig von Gesamtentwicklungen im diplomatischen und politischen Feld.

Zusammengefasst lässt sich sagen: Nur Marken verleihen beliebigen Produkten ein singuläres Image, welches sich vielfältig ökonomisch und strategisch nutzen lässt. Marken müssen, um erfolgreich zu bleiben, ihre Wachstumspotenziale realisieren. Die größten Wachstumsmöglichkeiten finden sich auf Märkten, die noch nicht zur Gänze saturiert sind. Diese befinden sich im Regelfall außerhalb Europas.

3.2 Handelsmarken

Bei der Versorgung mit Gütern des täglichen Bedarfs spielt der Einzelhandel noch immer, trotz Digitalisierung, eine Schlüsselrolle. In den Regalen der Supermärkte entscheidet sich, was sich anschließend in den Küchen, Kühlschränken, Wohn- und Badezimmern der Kundinnen und Kunden wiederfinden wird. Als

3.2 Handelsmarken

engmaschiges Warenvertriebsnetz ist der Einzelhandel sowohl gegenüber den Lieferanten als auch gegenüber den Verbraucherinnen und Verbrauchern in einer Position der Stärke. Was auf den Verkaufsflächen der Boutiquen, Warenhäuser und Supermärkte nicht vorhanden ist, kann nur im Direktvertrieb oder über Onlineshops vermarktet werden. Für viele Warenanbieter, vor allem aus dem Feld der sogenannten „Fast Moving Consumer Goods" (FMCG), ist die physische Präsenz im Einzelhandel von großem Vorteil, schließlich ist sie die Gewähr für den direkten Zugang zu Millionen von Konsumierenden. Trotz des Vormarsches digitaler Angebote konnte der Einzelhandel bislang seine starke Marktpräsenz und -relevanz beibehalten.

Als Nadelöhr zu den Kundinnen und Kunden ist der Handel selbst längst in den Wettbewerb der Markenprodukte eingestiegen (Schäfer, 2010). Um Margen und Profitabilität zu steigern, sind Einzelhandelsketten im großen Stil dazu übergegangen, neben den Markenangeboten externer Produzenten auch eigene Marken zu verkaufen. Die Motivation hierzu ist ausschließlich ökonomisch. So finden sich in den Regalen der Supermärkte immer häufiger die Eigenmarken („Handelsmarken") des Einzelhandels (Rainartz & Käuferle, 2014, S. 84):

> „Unter dem Begriff der Handelsmarke werden Waren- beziehungsweise Firmenzeichen verstanden, die Handelsunternehmen zur Markierung von Waren einsetzen. Der Markeneigner ist somit das Handelsunternehmen, wodurch sich Handelsmarken von Herstellermarken abgrenzen lassen. Darüber hinaus werden Handelsmarken nur innerhalb des jeweiligen Handelsunternehmens distribuiert und typischerweise zu im Zeitverlauf konstanten Preisen angeboten."

Durch die Vermarktung von Eigenmarken auf den eigenen Verkaufsflächen erwirbt der Handel systematisch Kompetenzen in Produktion und Distribution und verringert zugleich die Abhängigkeit von anderen Lieferanten (Schäfer, 2010, S. 33):

> „Mit zunehmender Handelskonzentration und Internationalisierung des Handels können auch Handelsunternehmen ihren Handelsmarken eine hohe Distribution verschaffen. Diese konkurrieren mit den Marken der Industrie um die knappe Ressource „Regalplatz". Zusätzlich übernimmt der Handel verstärkt logistische Funktionen vom Hersteller."

Dabei ist jedoch zu beachten, dass die Verbraucherinnen und Verbraucher in der Auswahl vergleichbarer Produkte nicht eingeschränkt werden wollen. Daher werden Eigen- und Handelsmarken ergänzend zu den Angeboten anderer Markenhersteller präsentiert. Hard-Discounter vermarkten eine Vielzahl von

Eigenmarken, oftmals unter Phantasienamen, die exklusiv auf den eigenen Verkaufsflächen angeboten werden. Auf diese Weise wird eine Angebotsbreite simuliert, die sich hauptsächlich über preisliche Attraktivität von anderen Markenprodukten unterscheidet (Becker et al., 2014, in: Rainartz & Käuferle, 2014, S. 92):

„Die klassische Handelsmarke ist vom Qualitätsniveau oft mit der Qualität der führenden Herstellermarken vergleichbar und liegt im Preis knapp darunter. Es wird ein minimaler Aufwand für den Markenaufbau investiert und die Preisstrategie beinhaltet ein relativ konstantes Mittelpreisniveau und nur vereinzelt eingesetzte Preis-Promotions. Insgesamt ist die Positionierung stark auf die führenden Herstellermarken ausgerichtet mit dem Ziel, die Handelsmarke aus Konsumentensicht als erste Alternative zu Herstellermarken zu platzieren."

Für Handelsmarken ist insbesondere der Preis, bei vergleichbarer Qualität mit Markenprodukten, das ausschlaggebende Kaufargument. Preissensible Kunden vertrauen einerseits dem Qualitätsversprechen des Einzelhandels, erkennen aber im Preis das handlungsleitende Kriterium (Schäfer, 2010 S. 23):

„Bei äußerlich ähnlichen Markenangeboten wird der Preis als alleiniges Kaufentscheidungskriterium immer wichtiger. Infolgedessen fällt es den industriellen Markenartikeln zunehmend schwer, sich im Wettbewerb mit den oftmals nachahmenden und preisaggressiven Handelsmarken zu profilieren."

Der Einzelhandel verfügt zwar eigenständig über seine Verkaufsflächen. Handelsmarken lassen sich also problemlos am „Point of Sale" (POS) platzieren. Dabei ist jedoch auch die implizite Erwartungshaltung der Verbraucherinnen und Verbraucher zu berücksichtigen. Sie wollen am POS eine möglichst große, zugleich verdichtete Angebotsvielfalt von Produktmarken vorfinden. Durch kontinuierliches Marketing und Markenkommunikation der Produkthersteller gelingt es, eine solche Erwartungshaltung auf hohem Niveau aufrechtzuerhalten. Demgegenüber liegt es im Interesse des Handels, die eigenen Marken prominent zu platzieren und hohe Abverkäufe zu erzielen. Die Wertschöpfung beim Verkauf von Handelsmarken ist für den Einzelhandel ökonomisch wesentlich einträglicher als beim Verkauf von Produkten anderer Markenhersteller. Das kommunikative Spannungsfeld liegt hier also zwischen der finanziellen Motivation des Handels einerseits und der (theoretischen) Angebotsvielfalt, die sich die Verbraucherinnen und Verbraucher wünschen (Linzbach, 2014, S. 170, in: Rainartz & Käuferle, 2014):

> „Um erfolgreich Wertschöpfung zu generieren, müssen Handelskonzepte über eigenständige und gleichzeitig für Kunden relevante Leistungsmerkmale verfügen, die entweder im Einzelnen oder in der Summe einzigartig oder (…) wettbewerbsüberlegen sind. Diese Leistungsmerkmale kann man auch als Nutzenversprechen bezeichnen (…)."

Durch die Entwicklung eigener Handelsmarken wird die Abhängigkeit von Lieferanten abgeschwächt. Zudem erwirbt sich der Einzelhandel durch den Aufbau von Eigenmarken weitere Produktions-, Einkaufs- und Distributionskompetenzen, die seine Position im Wettbewerb mit alternativen Anbietern stärken und eine höhere Wertschöpfung ermöglichen (Linzbach, 2014, S. 170, in: Rainartz & Käuferle, 2014):

> „Die zweite Komponente der Wertschöpfung neben den Leistungsmerkmalen ist der Prozess der Leistungserstellung im Rahmen der Ausübung der Absatzmittlerfunktion, die im Kern die Bereiche Einkauf, Logistik, Distribution und Administration umfasst."

Handelsmarken erhöhen die Marktmacht der Handelsunternehmen; ihre Grenze liegt allerdings in der Akzeptanz der Endverbraucherinnen und -verbraucher. Deren Erwartung an Waren- und Markenvielfalt wird nicht in jedem Fall durch ein attraktives Preisversprechen gebrochen werden können. Wie immer kommt es auf die richtige Balance zwischen Angebotsvielfalt und kompetitiver Preisgestaltung an, um aus der Perspektive der Konsumenten marktrelevant zu bleiben.
Preisattraktivität, allerdings im umgekehrten Sinne, ist auch für die Welt der Luxusmarken ausschlaggebend, worum es im nächsten Kapitel geht.

3.3 Luxusmarken und -produkte

Luxusmarken stellen die Markenkommunikation vor eine besondere Herausforderung. Einerseits führen Vermarktungsstrategien wie künstliche Warenverknappung, limitierte Editionen, Exklusivität und nicht zuletzt die konsequente Hochpreispolitik zu einer weit überdurchschnittlichen Profitabilität der Luxusmarken und der dahinterstehenden Unternehmen. Auf der anderen Seite jedoch müssen Rarität und Kaufpreis der Produkte und Dienstleistungen in der Wahrnehmung der Anspruchs- und Zielgruppen stets gerechtfertigt sein. Es genügt nicht, dass Luxus verfügbar ist; er muss es auch wert sein, in Anspruch genommen zu werden. Die Marktposition im obersten Preissegment ist aus Unternehmenssicht finanziell zwar außerordentlich attraktiv, aber zugleich am schwersten zu erreichen und zu halten. Kommunikation ist daher im Luxussegment der wichtigste Schlüssel zum Erfolg (Guten, 2008, S. 111):

„Ein Standard-Marketing ist bei einer Luxusmarke nicht möglich. Jede Marke ist einzigartig und muss somit ein präzises, angemessenes und individuelles Marketing praktizieren."

Die Positionierung von Luxusmarken folgt typischerweise einer in sich widersprüchlichen Grundspannung, die zu einer Dynamisierung der Kommunikation führt (vgl. Burmann et al., 2012, S. 27). Dabei sind vier Paradigmen zu beachten:

- **Paradigma von Tradition und Trend:** Wie können Tradition und Handwerkskunst betont werden, ohne den Eindruck des Antiquierten und Angestaubten zu hinterlassen?
- **Paradigma von Herkunft und Modernität:** Wie lassen sich traditionelle Werte und Marken-Heritage mit dem modernen, kosmopolitischen Luxusbegriff jüngerer Zielgruppen vereinbaren?
- **Paradigma von Regionalität und Globalität:** Wie stark sind regionale Gesichtspunkte für eine global ausgerichtete Marke ausschlaggebend – und was wäre dann der kleinste gemeinsame Nenner?
- **Paradigma der Verhältnismäßigkeit:** Was ist das angemessene und erfolgversprechende Verhältnis zwischen regionaler, nationaler und globaler Markenkommunikation?

Auch wenn die monetäre Motivation aus Sicht der Markenunternehmen stets die entscheidende ist, reicht die ökonomische Betrachtungsweise allein nicht aus, um das Phänomen der Luxusmarken zu erklären. Luxuswaren haben immer auch eine ausgeprägte *soziopsychologische Komponente*. Ihr ostentativer Besitz – stets das Gegenteil von Bescheidenheit und Zurückhaltung – ist eng mit Statusbewusstsein und Prestigebedürfnis verbunden. Luxus und Luxusmarken bestätigen soziale Hierarchien, die Marken werden von allen sozialen Schichten erkannt, sind aber nicht für alle erschwinglich. In den Worten des französischen Soziologen Pierre Bourdieu, verleihen Besitz und Konsum von Luxusprodukten und -dienstleistungen soziale „Distinktion" (Bourdieu, 1984). Luxusprodukte und -dienstleistungen betonen gesellschaftliche Unterschiede, schaffen Distanz und geben ihren Besitzern ein tiefes Gefühl von Befriedigung. Luxus lebt nicht zuletzt von den (neidvollen) Blicken der anderen (Pietzcker & Vaih-Baur, 2018, S. 4):

3.3 Luxusmarken und -produkte

„Luxus ist dabei eine zumeist implizite Codierung, ein Erkennungsmuster, an dem sich soziale Zugehörigkeit, aber eben auch Andersartigkeit und Nichtzugehörigkeit ablesen lassen. Luxus ist dabei niemals solitär oder rein exklusiv (…), sondern im Gegenteil stets inklusiv. Nicht der einsame Selbstgenuss, sondern das eigene gesellschaftliche Abbild, welches der Luxuskonsum zwangsläufig produziert, ist hier der wesentliche begriffliche Bezugspunkt. Mit anderen Worten: Das vordergründig Unnütze erfüllt stets einen sozialen Zweck und dient dem Erhalt gesellschaftlicher Stratifizierungen, wie immer man diese im Einzelfall bewerten möge."

Die Industrie der Luxusgüter war stets umstritten. Da sie soziale Unterschiede betont, ist sie sichtbarer Beweis der Ungleichheit in einer Gesellschaft. Schon der französische Aufklärer Voltaire spottete in seinem *Philosophischen Taschenwörterbuch* (Voltaire, 2023, S. 287):

„Gegen den Luxus predigt man seit 2000 Jahren in Versen und Prosa und hat ihn doch immer geliebt."

Das Paradigma von Mangel und Überfluss bleibt historisch ungebrochen und zieht sich als Konstante durch die Geschichte der Menschheit. Es muss also stabile Verhaltensanker für den Konsum und die Nachfrage von Luxusgütern geben. Dies sind die drei wichtigsten:

- **Anthropologisches Luxusbedürfnis:** Der Drang, die engen Grenzen des bloß Notwendigen zu transzendieren, und sich dem Überfluss hinzugeben, ist genuin menschlich und lässt sich nicht dauerhaft unterdrücken. Zudem dient der ostentative Besitz seit jeher als Symbol des sozialen Status innerhalb der Gemeinschaft und erfüllt eine stabilisierende Sozialfunktion (Mauss, 2019).
- **Ökonomische Motivation:** Die Luxusbranche gehört zu den profitabelsten Branchen weltweit, unabhängig davon, ob es sich um Produkte oder Dienstleistungen handelt. Die Margen im Handel mit künstlich verknappten Luxusgütern waren und sind stets höher als im Handel mit leicht verfügbaren Massenwaren. Es gibt, mit anderen Worten, ein außerordentlich starkes ökonomisches Momentum zugunsten von Luxusprodukten.
- **Gesellschaftliches Geltungsbedürfnis:** Das Bedürfnis, den eigenen Lebensstandard sichtbar zu steigern, ist gerade in einem wettbewerbsorientierten Gesellschaftssystem besonders ausgeprägt. Der Blick des anderen bleibt gesellschaftlich konstitutiv, ob es sich, in heutigen Statuskategorien, um die Wahl des Berufs, des Autos, des Hauses oder um die Ausbildung der Kinder handelt.

Diese drei Bedürfnislagen (anthropologisch, ökonomisch, gesellschaftlich), die eng miteinander verwoben sind, befeuern bis heute den globalen Markt für Luxusgüter und -dienstleistungen. Sie schaffen eine kontinuierlich wachsende internationale Nachfrage und Angebotsvielfalt. Dabei steht die Luxusgüterindustrie weltweit für ein beträchtliches Marktvolumen, dessen Erfolg nicht zuletzt auf Werbung und Kommunikation beruht (Gurzki et al., 2019, S. 401, Übers. d. Verf.):

> „Luxus ist eine globale ausgedehnte Industrie, die sich über mehrere Produktkategorien erstreckt. Luxusmarken wie Louis Vuitton und Hermès gehören zu den bekanntesten und wertvollsten Marken weltweit. Ein Großteil ihres Wertes stammt aus dem symbolischen Wert, welchen diese Unternehmen über viele Jahre systematisch aufgebaut haben. Dieser symbolische Wert erlaubt es Luxusunternehmen, sich erfolgreich auf eine Vielzahl weiterer Angebotskategorien auszudehnen. Werbung ist dabei ein Schlüsselinstrument, welches von Unternehmen genutzt wird, um ihren Produkten Bedeutung zu verleihen. Werbung spielt eine wichtige Rolle bei der Erschaffung, Entwicklung und Führung eines Markenimages."

Die Globalisierung erwies sich für die Luxusgüterindustrie als ein starker Wachstumstreiber. Die Symbolik der Luxusmarke als Ausweis persönlichen Erfolgs wird universell verstanden. Auch Esch (2012, S. 208) betont die *globale Ausdehnung* des Hochpreissegments:

> „Luxusmarken sind global durchsetzbar. Beispiele hierfür sind Rolex, Louis Vuitton oder Bentley."

Das Ergebnis kontinuierlicher Markenkommunikation führt zu einer globalen Präsenz. Nicht selten werden Luxuswaren als ikonische Objekte wahrgenommen, deren Glanz vermeintlich auch auf ihre Besitzer abstrahlt. Gleichgültig ob in Zürich oder Düsseldorf, Tokyo oder Jakarta, Chicago oder Shanghai – global etablierte Luxusmarken repräsentieren überall auf der Welt die gleichen Markenwerte, wecken dieselben Begehrlichkeiten und folgen denselben Kommunikationsstrategien. Im Ergebnis führt dies zu einer global homogenen Markenwahrnehmung, die überall dasselbe Hoch- und Höchstpreissegment bedient. Diese ökonomische Entwicklung und Stabilität sind aber nur möglich, wenn die Marke zugleich fest im Bewusstsein der Konsumenten verankert ist. Luxusmarken sind im Regelfall beständiger als Trendmarken, da sie tiefere Motivationslagen der Verbraucherinnen und Verbraucher bedienen (Schulz, 2018, S. 179):

3.3 Luxusmarken und -produkte

> „Während die Glanzzeit vieler Modemarken mit Trends einhergeht und diese ebenso schnell wieder verschwinden, wie sie erfolgreich wurden, sind Luxusmarken generell beständiger und entwickeln im Laufe der Zeit eine immer stärkere Markenidentität. (…) Dies wird besonders an luxuriöser Designermode und deren symbolischem Nutzen deutlich, die vor allem aufgrund ihrer Symbolkraft konsumiert wird und durch das extrinsische Bedürfnis der Käufer nach der Bestätigung der eigenen sozialen Identität wie auch durch das intrinsische Bedürfnis nach Selbstverwirklichung und Verstärkung der Ich-Identität erklärt werden kann."

Luxusmarken betonen in ihrer Kommunikation zudem ihre immaterielle Orientierungsfunktion. In säkularisierten Gesellschaften, die inhaltlich weitestgehend ausgehöhlt sind, übernehmen Luxusmarken die Leerstellen von historisch untergegangenen Sinnangeboten und präsentieren sich zunehmend als Bewahrer von Authentizität und Eigentlichkeit (Stegmann, 2018, S. 113):

> „Wahrer Luxus ist rar und daher entsprechend begehrt. Dabei geht es immer weniger um materielle Werte, sondern vielmehr um emotionale, authentische Erlebnisse sowie insbesondere die Reduktion auf das Wesentliche."

Der weltweite Erfolg von Luxusmarken und ihrer Repräsentation ist nicht nur Indikator eines enormen globalen Wohlstandes, sondern vor allem das Ergebnis einer kollektiven Projektion, deren Bilderwelt sich aus dem Kommunikationsrepertoire der Unternehmen speist. Dazu gehört insbesondere auch die Inszenierung der Luxusprodukte in eigenen Boutiquen, mit geschultem Personal und identischen Ritualen der Produktpräsentation. Luxusmarken imitieren Rituale des Sakralen und füllen das Vakuum quasireligiöser Erfahrungen. Der Luxusexperte Hannes Gurzki schreibt (Gurzki & Mei-Pochtler, 2018, S. 98, Übers. d. Verf.):

> „Wir sind davon überzeugt, dass von wahrem Luxus erwartet wird, außergewöhnliche Erfahrungen („extraordinary experiences") zu gewähren. Daher ist es wichtig zu verstehen und nachzuvollziehen, wodurch diese Augenblicke und Erinnerungen geprägt werden und wie sie gesteigert werden können."

Luxusmarken verlangen einen weit überdurchschnittlichen Preis von ihren Kundinnen und Kunden. Daher müssen sie zumindest als Projektionsfläche jene Werte, Haltungen, Gefühle, Erlebnisse widerspiegeln, welche weniger exklusive Angebote nicht zu vermitteln imstande sind. Luxus ist eine soziale Codierung aus Exklusion und Inklusion, die sowohl symbolisch als auch real nachvollzogen werden kann. Luxus repräsentiert also eine gesellschaftliche *und* eine psychologische Realität.

Im vielfältigen Markenkosmos fällt auf, das hochpreisige Marken und Angebote in nahezu allen Produkt- und Dienstleistungssektoren vorhanden sind. Luxusmarken findet man in erwartungsgemäß in der Schmuck-, Uhren- und Modeindustrie, doch ebenso in der Automobil- und Luftfahrtbranche, im Tourismus (Luxushotels und -reisen), in der Gastronomie und im Sport. Immobilien können ebenso unter den Begriff Luxus fallen wie Wohnungseinrichtungen und Küchengeräte. Allen Produkten, Angeboten und Dienstleistungen gemeinsam ist ihre ökonomische Zugehörigkeit zum Höchstpreissegment. Dieses verspricht tatsächlich die höchsten Gewinnmargen und gehört daher zu den begehrtesten, aber auch am stärksten umkämpften Preissegmenten. Kommunikation, Werbung und Kundenansprache sind daher im Bereich der Luxusmarken von besonderem Interesse: Exklusivität, Qualität und Innovation müssen mit adäquaten Botschaften zur Sprache gebracht werden, damit das Markenversprechen eingehalten werden kann. Wenige Kunden sind so wählerisch – und zugleich so leicht zu verlieren – wie Verbraucherinnen und Verbraucher im Luxusbereich (Bachmann, 2023).

Die Strategie der „künstlichen Verknappung" spielt im Luxussegment eine herausragende Rolle. Dabei werden bestimmte Produkte, wie zum Beispiel besonders kostspielige Handtaschen („It-Bags"), einzelne Uhrenmodelle oder Schmuckaccessoires bewusst in niedrigeren Stückzahlen produziert und distribuiert, als es der realen Nachfrage entspricht. Auf diese Weise bleiben die Preise aufgrund der hohen Nachfrage ebenfalls auf einem hohen Niveau. Wartezeiten, nicht selten über mehrere Monate oder sogar Jahre, erhöhen zudem die subjektiv empfundene Begehrlichkeit des Objektes. Sein Besitz kommt der Erfüllung eines lang gehegten Wunsches gleich.

Zum Marketingkonzept der künstlichen Verknappung gehört ebenfalls die Warendistribution über wenige Flagship-Stores in Innenstadtlagen. Vor den Stores bilden sich regelmäßig lange Schlangen, und nicht jeder gewünschte Artikel ist vorrätig. Durch die Steigerung der Nachfrage aufgrund einer bewusst niedrig gehaltenen Produktion sowie die Erhöhung der subjektiv empfundenen Begehrlichkeit der einzelnen Kaufobjekte steigern die Luxusunternehmen konsequent Umsatz, Profitabilität und Prestige ihrer Marken. In einer säkularen Welt übernehmen diese die Ersatzfunktion quasireligiöser Projektionen, die geschickt mit Glamour, Stars und Künstlern zu globaler Sichtbarkeit geführt werden. In den sozialen Medien, wo Luxusprodukte von ihren Besitzerinnen und Besitzern wie rare Trophäen inszeniert werden, ist die Religionsfunktion strahlkräftiger Luxusmarken geradezu unübersehbar. Dies kann zwar nicht von den Markenunternehmen kontrolliert oder gelenkt werden, dient aber ebenfalls indirekt dem Wert, Prestige und dem wirtschaftlichen Erfolg des Unternehmens.

Die Sozioökonomie des Luxussegments ist ebenfalls einer der wesentlichen Erfolgsfaktoren für das oberste Preissegment. In globalisierten Märkten ist in jeder Gesellschaft und auf jedem Kontinent ein schmales Segment der Gesamtbevölkerung ökonomisch in der Lage, Luxusprodukte regelmäßig zu konsumieren (vgl. Altagamma, 2023). Die aufstrebenden Mittelklassen aller Länder schmücken sich ebenfalls gerne mit den Attributen des Erfolges, auch wenn sie sich diese nur ausnahmsweise leisten können.

Das Resultat all dieser Faktoren ist aus Sicht der Luxusmarken überaus erfreulich. Kein Marktsegment ist im globalen Maßstab robuster, profitabler und verfügt über größeres Wachstumspotenzial als das Luxussegment.

3.4 B-to-B-, B-to-G- und B-to-C-Marken

In Marketing und Kommunikation wird zwischen Business-to-Business- und Business-to-Consumer-Beziehungen unterschieden (B-to-B bzw. B-to-C; gelegentlich auch B2B bzw. B2C).

Nicht jedes Angebot einer Marke richtet sich an die Endverbraucherinnen und -verbraucher. Eine Vielzahl von Produkten und Dienstleistungen hat ausschließlich industrielle Abnehmer, dies prägt auch die Markenkommunikation. Die Grundstruktur der Beziehung als Käufer und Verkäufer bleibt zwar bestehen, aber die Akteure, Produkte und Kaufvolumen sind völlig andere. Entsprechend sind die Kommunikationsangebote in den B-to-B-Beziehungen für die breite Öffentlichkeit zumeist gar nicht sichtbar. Denn sie richten sich nicht an den Markt der Konsumenten, sondern an den Markt der Unternehmen. Typischerweise repräsentieren B-to-B-Marken Unternehmen, die als Hersteller von Produktkomponenten arbeiten oder sogar vollständige industrielle Lösungen entwickeln, wie zum Beispiel:

- Computerchips für Mobiltelefone
- Sitze für die Automobilindustrie
- Automatisierungstechnologie für Produktionsanlagen, etwa im Maschinenbau
- Herstellung von Beton oder Dämmstoffen für die Bauindustrie
- Baumaschinen und Förderanlagen, etwa für die Gewinnung von Rohstoffen
- Bau von Raffinerien, Kraftwerken, Windrädern
- Druckmaschinen für die Zeitungs- und Buchproduktion
- Arbeitskleidung
- Düngemittel und Pestizide
- Tunnelbohrmaschinen, Großfahrzeuge

- Komponenten jeder Art für Endverbrauchergeräte

Hinzu kommen die Angebote von Herstellern und Großhandel an Gastronomie und Einzelhandel. Auch Serviceleistungen wie Logistik und Distribution liegen im Bereich der B-to-B-Beziehungen, prominente Beispiele hierfür sind die Logistik sowie die Schiffs- und Containerindustrie mit globaler Ausrichtung.

Der weltweite Markt für B-to-B-Produkte und -Services ist immens, da die meisten produzierenden und distribuierenden Unternehmen auf externe Verfahren, Technologien und Zukäufe angewiesen sind. Der Abnehmerkreis für all diese Produkte, Komponenten und Dienstleistungen ist jedoch ein völlig anderer als der Markt für Endverbraucher. Es sind die Einkäufer, das mittlere Management und die Vorstände anderer Unternehmen, die über den Einkauf von B-to-B-Produkten und -Leistungen entscheiden. Diese benötigen die Produkte nicht für den Eigenbedarf, sondern ausschließlich für die Nutzung in ihren Unternehmen. Entsprechend spezifisch sind die Entscheidungsparameter. Emotion, Image und Sympathie spielen zwar auch eine Rolle, viel wichtiger jedoch sind Leistungseigenschaften und ökonomische Parameter der Markenangebote. Im B-to-B-Marketing sind rationale Faktoren ausschlaggebend. Es geht im Regelfall um deutlich höhere Summen als im Geschäft mit Endverbrauchern, wichtig sind daher ebenfalls die Aspekte Budgetierung, Verantwortung und Kompatibilität.

Als Teil einer Geschäftsbeziehung ist B-to-B-Kommunikation wesentlich rationaler als die oftmals emotionalisierte Konsumentenansprache. Das Ziel ist zumeist die Etablierung langfristiger Bindungen, was etwa bei der Zulieferung von Fertigungstechnologien oder Produktkomponenten sinnvoll und sogar strukturell notwendig sein kann. Impulskäufe, in Konsumentenmärkten der Regelfall, sind im B-to-B-Geschäft die Ausnahme.

B-to-B-Marken sind auf Fachmessen präsent und bedienen einen zunehmend globalen Markt. Ihre Angebote sind ausschließlich lösungsorientiert und bieten einen ökonomischen, materiellen oder strukturellen Mehrwert. Dies prägt auch die Argumentationsweisen der Markenkommunikation von B-to-B-Marken: Leistung, Lieferbedingungen und Konditionen sind ausschlaggebend. Das Verhältnis zwischen den Unternehmenspartnern – genauer gesagt zwischen Lieferanten und Abnehmern – ist von einer gegenseitigen Abhängigkeit geprägt. Die B-to-B-Marke benötigt Käufer (Abnehmer) für ihre Produkte und Angebote. Das Käuferunternehmen wiederum ist auf Qualität, Zuverlässigkeit und Preisattraktivität der Lieferanten angewiesen, um ein konkurrenzfähiges Endprodukt entwickeln, produzieren und anbieten zu können. Das Markenimage einer B-to-B-Marke unterscheidet sich also gravierend vom Markenimage einer Konsumentenmarke.

3.4 B-to-B-, B-to-G- und B-to-C-Marken

Ziel- und Anspruchsgruppen, Stückzahlen, Vertriebswege, Nutzung und nicht zuletzt die Preisstruktur sind gänzlich andere.

B-to-B-Marken stehen selten – eigentlich nur bei Skandalen und Unternehmenskrisen – im Mittelpunkt des öffentlichen Interesses. Im Normalfall agieren sie innerhalb der Entscheiderzirkel von großen und mittelgroßen Unternehmen. Überall dort, wo die Entscheidungen für Zukäufe, Kooperationen und Lieferantenbeziehungen fallen, sind B-to-B-Marken präsent. Das betrifft insbesondere Fachmessen und -foren. B-to-B-Marken bieten weltweit und für jede denkbare Branche eine Vielzahl von Präsentationsmöglichkeiten für die partizipierenden Unternehmen. Die Gestaltung eines ansprechenden, architektonisch offen entworfenen, zugleich jedoch ästhetisch eindrucksvollen Messestandes ist daher eine der regelmäßig wiederkehrenden Maßnahmen im B-to-B-Marketing. Darüber hinaus spielt die Kundenpflege auf persönlicher und ritualisierter Ebene eine ausschlaggebende Rolle. B-to-B-Marketing ist im engen Sinne eine Investition in die Beziehungspflege zwischen Unternehmen, Lieferanten und Abnehmern, mit dem Ziel, möglichst hohe und ertragreiche Aufträge zu erzielen.

B-to-B-Marken sind in der Öffentlichkeit, also über den engen Kreis der Fachleute hinaus, selten bekannt. Ihre Technologien, Produkte und Lösungskompetenzen gelten nur innerhalb ihrer Industrien und deren Stakeholder. Da mittlerweile auch die Entscheider in Unternehmen im digitalen Raum und auf Social Media aktiv sind, haben sich auch die B-to-B-Aktivitäten medial ausgedehnt. Im Kern geht es jedoch stets darum, die verantwortlichen Managerinnen und Manager eines Unternehmens von den Vorzügen einer möglichen Lieferantenbeziehung zu überzeugen.

Gelegentlich gelingt es B-to-B-Marken, auch bei den Konsumenten ein positives Markenimage aufzubauen und dadurch ein weiteres Kaufargument zu etablieren. „Ingredient Branding" lautet der entsprechende Fachbegriff (Kleinaltenkamp, 2001, S. 263). Dabei handelt es sich

> „um eine Markenpolitik für ein Produkt, das wesentlicher Bestandteil (…) des Folgeproduktes wird, im Letzteren aber aufgrund der Weiterverarbeitung, des Einbaus o. ä. ‚untergeht' und somit für die Abnehmer auf nachfolgenden Stufen eigentlich unsichtbar bleibt."

Bekannte Beispiele für „Ingredient Branding" sind die Zuliefermarke „Bosch" für die internationale Automobilindustrie sowie der Prozessorenhersteller „Intel", der mit dem klassischen Slogan „Intel inside" ein Kaufargument für Endkonsumenten liefert. Bremsenhersteller wie „Knorr-Bremse", Motorenlieferanten wie „Voith" oder Hersteller von Mikrochips wie die „Taiwan Semiconductor

Manufacturing Company" (TSMC) sind weitere Beispiele für B-to-B-Marken, die durch geschickte Markenkommunikation eine gewisse Bekanntheit erreicht haben – auch außerhalb der Geschäfts- und Fachwelt.

Eine besondere Form der Kommunikation stellen Business-to-Government-Beziehungen (B-to-G) dar. Hierbei handelt es sich um Unternehmensbeziehungen zu staatlichen Institutionen als Auftraggebern. Die Fertigstellung komplexer Infrastrukturprojekte wie etwa Brückenbauten oder Untertunnelungen, die Errichtung von Kraftwerken, aber auch das Erbauen von Ministerien, Kasernen oder anderen staatlichen Repräsentationsbauten sind ausnahmslos das Ergebnis von B-to-G-Beziehungen. Im Bereich von Rüstungsgütern wird die Exklusivität dieser Beziehungen deutlich. Die Auftragsvergabe erfolgt im Regelfall durch öffentliche Ausschreibungen und erfordert Kenntnisse in komplexen bürokratischen Prozessabläufen, die ihrer eigenen Logik folgen. Bestimmte Technologien und Ingenieurleistungen werden ausschließlich im staatlichen Auftrag entwickelt und erbracht. Das Multimilliardengeschäft der globalen Verteidigungsindustrie ist ausschließlich ein B-to-G-Geschäftsfeld.

Business-to-Consumer-Marken (B-to-C) hingegen erfüllen die Vorstellungen, die gemeinhin mit den Begriffen der Marke und der Markenkommunikation verbunden werden. Ihre Angebote und Kommunikationswege richten sich ausschließlich an den Markt der Endverbraucher. Die Konsumierenden erwarten von einer Marke erkennbare Werte, ästhetische Kaufanreize, klare Botschaften und ein unmissverständliches Nutzenversprechen. B-to-C-Marken bedienen im Regelfall einen Massenmarkt, entsprechend unzweideutig und direkt werden Werbemaßnahmen konzipiert und umgesetzt.

Unternehmensmarken können sowohl im Bereich B-to-B als auch B-to-C aktiv sein. Manchen Unternehmen gelingt es sogar, beide Segmente gleichermaßen zu bedienen, allerdings mit unterschiedlichen Produkten und Angeboten. Eine Automarke beispielsweise kann zugleich auf dem Massenmarkt präsent sein und sich – über andere Formen der Ansprache – als Lieferant für die Flotte der Firmenwagen positionieren. Im ersten Fall sind individuelle Verbraucher die Zielgruppe, im zweiten Fall sind es die für den Einkauf zuständigen Managerinnen und Manager eines Drittunternehmens. Beiden Zielgruppen muss die jeweilige Kommunikation überzeugende Kaufargumente und -anreize übermitteln, die im Einzelfall jedoch vollkommen anders gestaltet und ausformuliert sind.

3.5 Medien als Produkt und Marke

Auch Medien (u. a. Zeitungen, Zeitschriften, Radio- und Fernsehsender, Blogs, Social Media) treten als eigene Marken auf, die das digitale und analoge Informationsverhalten der Mediennutzer lenken oder zumindest beeinflussen (Silberer, 2001, S. 238). Medien haben ein eigenes Profil bezüglich der Berichterstattung, der gewählten Themen und der ideologischen Perspektive. Die Relevanz der Medien ist ein Derivat der jeweiligen Nachrichtenlage: Wesentlich sind die Inhalte, doch ebenso ihre Präsentation als Neuigkeit. Nicht alles, was geschieht, wird journalistisch in die Mediendiskurse eingespeist. Aber nur medial relevante Inhalte können auch gesellschaftlich wirksam werden.

Im Kontext von Markenführung und Markenkommunikation erfüllen Medienmarken eine Doppelfunktion. Einerseits verfügen sie über die notwendige Kommunikationsinfrastruktur, innerhalb derer Markenkommunikation überhaupt stattfindet. Die Medien stellen die Plattformen zur Verfügung, auf denen Markenkommunikation und Werbung ihre jeweiligen Anspruchsgruppen erreichen. Andererseits haben sich die Medien selbst zu eigenen Marken entwickelt, die untereinander um die Aufmerksamkeit der Rezipienten und die Aufträge der Werbekunden konkurrieren. Medienmarken machen zudem den Zusammenhang zwischen Sozialstruktur und Interesse, Informationsbedürfnis und Bildungsstatus auf besondere Weise deutlich. Medienmarken sind in diesem Sinne nichts anderes als der soziologische Spiegel – oder Zerrspiegel – einer Gemeinschaft.

Medien als Marken profilieren sich im gegenseitigen Wettbewerb über ihre jeweilige Ausrichtung:

- **Unterschiedliche Leserschaften und Rezipienten:** An wen richtet sich das Medium mit seinem spezifischen Informationsangebot? Welche bereits vorhandenen Interessen werden bedient und widergespiegelt?
- **Abweichende soziodemografische Anspruchsgruppen:** Leserinnen und Leser gehören spezifischen Sozialmilieus an; entsprechend ist ihre Erwartung an ein Informationsmedium. Ebenfalls macht die jeweilige Alterskohorte einen enormen Unterschied.
- **Themen und vertiefte Darstellungen:** Mit welchen Themen kann sich ein Medium profilieren? Sport, Wirtschaft, Politik, Mode, Klatsch, Unterhaltung? Für alle Felder gibt es das passende Angebot, digital und analog.
- **Sprachniveau und Voraussetzungen:** Vorkenntnisse, Bildungsgrad, Bereitschaft zu konzentrierter Lektüre
- **Ideologische Tendenz:** konservativ, liberal, bürgerlich oder aber progressiv, systemkritisch, radikal

- **Verbreitungsgrad:** regional, national, international

Auch das Selbstverständnis des Mediums als Marke spielt eine große Rolle. Ist der Hauptzweck des Mediums eine kritisch-distanzierte Berichterstattung oder geht es um die Affirmation bestehender Verhältnisse? Ist Unterhaltung („Klatsch") das Ziel oder sind politische Hintergründe und Analysen gefragt? Erwarten die Leserinnen und Leser investigative Reportagen oder begnügt sich die Redaktion mit der Verarbeitung von Agenturmeldungen? Für all diese differenten Haltungen und Erwartungen gibt es eigene Medienmarken mit eigener Historie, eigenem Selbstbild und eigenem Image. Das auflagenstarke Blatt der Regenbogenpresse hat eine andere Marktrelevanz und eine andere Leserschaft als ein intellektuelles Nischenprodukt. Entsprechend stark weichen beide Medienmarken in Layout, Inhalt und Leseransprache voneinander ab.

Ein Sonderfall sind Fachmedien. Hier ist das spezielle (oftmals berufliche oder akademische) Interesse der Rezipienten der Schlüssel zur inhaltlichen Ausgestaltung. Eine Fachzeitschrift für Völkerrecht wird wohl nur in Ausnahmefällen von Chirurgen gelesen; entsprechend ist das Themenspektrum. Berufliche Fachzeitschriften, die ihren Markencharakter aus der inhaltlichen Ausrichtung heraus bilden, sind ein international stabiler Markt, auf den sich etliche Verlage spezialisiert haben. Inhaltliche Kompetenz und globale Vernetzung sind für den Markterfolg unerlässlich.

Durch die Digitalisierung sind seit der Jahrtausendwende etliche neue Plattformen als Medienmarken entstanden, die sich durch technische Ausgestaltung, Vernetzung und Popularität in unterschiedlichen Altersgruppen stark voneinander unterscheiden. Potenziell sind digitale Medien echte Global Players, allerdings führen politische Restriktionen zu starken nationalen Ausprägungen. TikTok ist als chinesisches Unternehmen in den USA starken Restriktionen und politischer Kontrolle unterworfen – anderseits sind X (vormals Twitter) und die Unternehmen der US-amerikanischen Meta Group in China nicht aufrufbar. Die rechtliche Zulassung und damit auch der Erfolg von Medienmarken hängen also stark von politischen und gesellschaftlichen Rahmenbedingungen ab, die national stark voneinander abweichen können.

3.5 Medien als Produkt und Marke

Digitale Informationsangebote konkurrieren auf nationalen Märkten mit tradierten Printmedien. Das Geschäftsmodell der Medienmarken beruht auf der Bereitschaft der Rezipienten, zur Verfügung gestellte Informationen und Beiträge als geldwerte Dienstleistung anzuerkennen. Sobald Onlinebeiträge, insbesondere auf Social-Media-Plattformen, kostenlos abrufbar sind, wird der Wert von Information umgehend devaluiert. Kostenlose Informationen aus den digitalen Netzen untergraben das Geschäftsmodell tradierter Medienmarken. Diese wiederum reagieren mit neuen Services, der Entwicklung eigener digitaler Informationsplattformen oder, ein radikaler Richtungskurs, sie verabschieden sich gänzlich vom traditionellen News Business.

Für die Medienmarken führte die Digitalisierung zu einer Kannibalisierung der Informationsmärkte und zu einer dramatischen Entwertung von Informationen als geldwertes Produkt. Ökonomisch gesehen stellt diese Entwicklung eine Herausforderung dar. Die größten Profiteure der Digitalisierung sind gerade nicht die klassischen Medienmarken.

Noch immer sind aktuelle Informationen (und ihre Kontextualisierung) das Kerngeschäft von Medienmarken. Durch die technischen Möglichkeiten der Digitalisierung hat sich dieses Geschäft deutlich globalisiert und zudem extrem beschleunigt. „Echtzeitkommunikation", die Berichterstattung in *real-time,* ist der neue Goldstandard in der Informationsübermittlung. Hier konkurrieren Medienmarken mit den digitalen Newcomern der Social-Media-Plattformen – Bloggern, Influencern und freiberuflichen „Content Creators". Das Informationsoligopol der tradierten Medienmarken ist durch die digitale Revolution gänzlich obsolet geworden.

Zusammenfassung Kap. 3
Marken dienen als Identifizierungsmerkmal und Qualitätsversprechen. Im Wettbewerb um die Gunst des Konsumenten differenzieren sich Marken voneinander durch materielle (physische) und immaterielle (symbolische) Eigenschaften. Markenkommunikation verhilft Produkten zu einem – im Idealfall auratischen – Image, welches im Bewusstsein der Anspruchsgruppen zu Wiedererkennung, Bekanntheit und Zuordnung führt. Dieses Markenimage soll positive Assoziationen, Akzeptanz und nachweisbare Kaufimpulse auslösen. Das Markenversprechen sollte dabei so dargestellt werden, dass es grundsätzlich einlösbar ist, um Enttäuschungen aufseiten der Verbraucherinnen und Verbraucher zu vermeiden. Markenkommunikation schafft Markenimages, die sowohl wiedererkennbar als auch flexibel sind: Jede Marke muss sich an geänderte ökonomische und gesellschaftliche Änderungen anpassen, um relevant zu bleiben.

Neben Produktmarken sind, vor allem im Markt der „Fast Moving Consumer Goods" (FMCG), auch Handelsmarken von großer wirtschaftlicher Bedeutung. Damit sind Eigenmarken von Handelsketten gemeint, die neben den geläufigen Produktmarken Angebote aus eigener Herstellung und unter eigenen Produktlabels anbieten. Die Motivation dahinter ist eine ökonomische: Mithilfe der Handelsmarken können Einzelhandelsunternehmen die Gewinnmarge auf die angebotenen Produkte steigern, ohne die Qualität der Waren herabzusetzen. Auch aus Verbrauchersicht können Handelsmarken daher eine wirtschaftlich interessante Alternative zu Markenprodukten sein.

Luxusprodukte leben vom Prestige der Marke, das sie in den Augen der Kundinnen und Kunden genießen. Gerade weil persönliche Aspekte von Status, sozialer Distinktion und ökonomischer Differenzierung beim Konsum von Luxusgütern vordergründig sind, ist bei Luxusprodukten nicht der maximal niedrige, sondern der maximal hohe Preis für den Kauf ausschlaggebend. Diese Logik macht Luxusmarken aus Sicht der Verbraucher besonders begehrenswert und aus Sicht des Marktes ganz besonders wertvoll. Das französische Luxusunternehmen LVMH gehört zu den wertvollsten börsennotierten Unternehmen in Europa. Markenkommunikation für Luxusprodukte besteht im Kern darin, Begehrlichkeit, Knappheit und Prestige der Produkte auf einem möglichst hohen Niveau zu halten.

Neben der Markenkommunikation gegenüber Verbrauchern (Business-to-Consumer oder kurz B-to-C) ist auch die Kommunikation zwischen Unternehmen, etwa zwischen Lieferanten und Produzenten, von hoher Bedeutung. Dieser oftmals dialogische Austausch B-to-B bzw. Business-to-Business erfolgt in einem grundsätzlich anderen Kontext als die Verbraucherkommunikation. B-to-B-Marken richten sich an eine andere Zielgruppe als Verbrauchermarken, nämlich an die Entscheiderinnen und Entscheider in anderen Unternehmen. Auf diesen professionellen Kontext ist bei B-to-B-Marken stets zu achten.

Auch Medien – Zeitungen, Fernsehen, Radio, Kino sowie vor allem sämtliche digitalen Kommunikationsplattformen – sind Marken und werden entsprechend wahrgenommen und positioniert. Medien repräsentieren Inhalte, Perspektiven und Einstellungen. Sie dienen in einem grundlegenden Sinne der Orientierung der Rezipienten in einer komplexen Realität. Verbreitungsgrad, politische Ausrichtung, Sprache und Aktualität sind für Medienmarken ausschlaggebende Kriterien.

Literatur

Altagamma. (2023). Renaissance in Uncertainty: Luxury Builds on Its Rebound. https://altagamma.it/media/source/Summary%20Altagamma-Bain%20WW%20Monitor%202022.pdf. Zugegriffen: 29. Dez. 2023.

Bachmann, D. (25. November 2023). Den Reichsten auf der Spur. *Neue Zürcher Zeitung (NZZ), 20.*

Baumgarth, C. (2001). *Markenpolitik. Markenwirkungen – Markenführung – Markenforschung.* Gabler.

Becker, J.-M., Schnittka, O., & Völckner, F. (2014). Wertschöpfung durch Handelsmarken. In W. Reinartz & M. Käuferle (Hrsg.), *Wertschöpfung im Handel* (S. 84–101). Kohlhammer.

Bourdieu, P. (1984). *Die feinen Unterschiede.* Suhrkamp.

Burmann, C., König, V., & Meurer, J. (2012). *Identitätsbasierte Luxusmarkenführung. Grundlagen – Strategien – Controlling.* Springer Gabler.

Esch, F.-R. (2012). Marke und Markendehnung. In F. Langenscheidt (Hrsg.), *Marke10. 10 Themen, 10 Experten, 10 Seiten* (S. 31–40). Deutsche Standards Editionen.

Gurzki, H., Schlatter, N., & Woisetschläger, D. M. (2019). Crafting extraordinary stories: Decoding luxury brand communications. *Journal of Advertising, 48*(4), 401–414. https://doi.org/10.1080/00913367.2019.1641858.

Gurzki, H., & Mei-Pochtler, A. (2018). Aspirational symbols of today's global society. In D. Pietzcker & C. Vaih-Baur (Hrsg.), *Luxus als Distinktionsstrategie. Kommunikation in der internationalen Fashion- und Luxusindustrie* (S. 197–108). Springer Gabler.

Guten, M. (2008). Une Marque de Luxe ne s'incline jamais. Eine Luxusmarke beugt sich nie. In A. Deichsel & M. Schmidt (Hrsg.), *Jahrbuch der Markentechnik 2008/2009* (S. 100–120). Deutscher Fachverlag.

Kleinaltenkamp, M. (2001). Ingedient Barnding: Markenpolitik im Business-to-Business-Geschäft. In R. Köhler, W. Majer, & H. Wiezorek (Hrsg.), *Erfolgsfaktor Marke. Neue Strategien des Markenmanagements* (S. 261–270). Vahlen.

Linzbach, P. (2014). Wertschöpfung im Handel durch Internationalisierung. In W. Reinartz & M. Käuferle (Hrsg.), *Wertschöpfung im Handel* (S. 169–188). Kohlhammer.

Mauss, M. (2019). *Die Gabe. Form und Funktion des Austauschs in archaischen Gesellschaften.* Suhrkamp.

Pietzcker, D., & Vaih-Baur, C. (Hrsg.). (2018). *Luxus als Distinktionsstrategie. Kommunikation in der internationalen Fashion- und Luxusindustrie.* Springer Gabler.

Reinartz, W., & Käuferle, M. (Hrsg.). (2014). *Wertschöpfung im Handel.* Kohlhammer.

Schäfer, T. (2010). *Handelsmarken und Erosion industrieller Markenartikel. Ursachen und Auswirkungen auf die Konsumgüterdistribution.* Eul.

Schulz, L. (2018). Fashion-PR – Besonderheiten in der Kommunikation von Luxusmodemarken. In D. Pietzcker & C. Vaih-Baur (Hrsg.), *Luxus als Distinktionsstrategie. Kommunikation in der internationalen Fashion- und Luxusindustrie* (S. 177–197). Springer Gabler.

Silberer, G. (2001). Medien als Marken. In R. Köhler, W. Majer, & H. Wiezorek (Hrsg.), *Erfolgsfaktor Marke. Neue Strategien des Markenmanagements* (S. 237–252). Vahlen.

Stegmann, B. (2018). Markendesign als automobiles Luxus-Erlebnis. In D. Pietzcker & C. Vaih-Baur (Hrsg.), *Luxus als Distinktionsstrategie. Kommunikation in der internationalen Fashion- und Luxusindustrie* (S. 113–116). Springer Gabler.

Voltaire. (2023). *Philosophisches Taschenwörterbuch.* Reclam.

4 Die Unternehmensmarke

> **Zusammenfassung**
>
> Nicht nur Produkte und Dienstleistungen, auch die Unternehmen selbst werden in der Öffentlichkeit immer stärker als Marken wahrgenommen. Dies gilt insbesondere für international tätige Unternehmen. Das „Unternehmen als Marke" ist vor allem für Investoren und Lieferanten, aber auch für Mitarbeitende von hoher Aussagekraft. Employer Branding, dem Marketing für bestehende und potenzielle Mitarbeiterinnen und Mitarbeiter, kommt schon allein aus demographischen Gründen eine immer wichtigere Rolle zu. Unternehmen, die sich als Marke positionieren können, haben einen gewichtigen Vorteil im Bewerbermarkt. Auch als Hersteller, gewissermaßen als Herkunfts- und Qualitätssiegel, verfügen Unternehmen über beträchtliche Markenrelevanz. Dennoch gibt es einen zentralen Unterschied zu Produktmarken und Produktmarketing. Primäres Ziel der Unternehmensmarke und -kommunikation ist nicht die Stimulierung des Konsums, sondern die Erhöhung der Strahlkraft des Unternehmens selbst.

Auch die herstellenden Unternehmen – und nicht ausschließlich ihre Produkte – verfügen über Bekanntheit, Heritage und Reputation. Sie positionieren sich als Organisationsformen im Bewusstsein der Öffentlichkeit, repräsentieren Werte, Technologien, Fähigkeiten und Potenziale. Unternehmen werden als Marken wahrgenommen, symbolisch verkürzt auf wenige Signale, die im öffentlichen Diskurs präsent sind.

Unternehmensmarken konkurrieren, wie ihre Produkte, um Aufmerksamkeit, Popularität und Akzeptanz. Eine Unternehmensmarke ist nicht nur ein ökonomisches, sondern vor allem ein soziales Konstrukt, das tief in das System der Gesellschaft eingebettet ist. Das Verhältnis der Unternehmensmarke zur Öffentlichkeit ist jedoch nicht statisch, sondern dynamisch und erfordert eine permanente Anpassung an äußere Faktoren.

4.1 Das Unternehmen als Marke

Nicht nur Produkte und Services werden als Markenobjekte und -leistungen wahrgenommen. Auch die Unternehmen selbst, welche diese Produkte und Dienstleistungen für Kunden zur Verfügung stellen, repräsentieren eigene Marken – eben: Unternehmensmarken –, die wie ihre Waren und Angebote für spezifische Werte, Vorstellungen und Präferenzen einstehen. Ein Apfel aus dem Biomarkt repräsentiert in diesem Sinne einen anderen Wert als ein Apfel aus dem Supermarkt; selbst dann, wenn er (was immerhin denkbar ist) von derselben Obstplantage stammt.

Unternehmen haben ein vitales Interesse daran, als Marken mit positiven Inhalten wahrgenommen zu werden. Für einen Hersteller von kostspieligen Automobilen mag es von Vorteil sein, wenn nicht bloß die Produkte, sondern auch das Unternehmen selbst mit Innovationsfähigkeit, hoher Qualität und Zuverlässigkeit assoziiert wird. Für einen Computer- und Softwarehersteller ist es ebenfalls von vorrangigem Interesse, nicht bloß als eine beliebige wirtschaftliche Entität, sondern als disruptives und kreatives Ideenlabor wahrgenommen zu werden, welches in regelmäßigen Abständen Weltneuheiten produziert. F.-R. Esch bemerkt zu dem Zusammenspiel von Marke und Unternehmen (Esch, 2012, S. 506):

„Die Vermarktung von Unternehmensmarken gewinnt an Bedeutung, da diese im Blickfeld vieler Anspruchsgruppen steht."

Zu diesen Anspruchsgruppen gehören z. B. Shareholder, Mitarbeitende des Unternehmens sowie Lieferanten, aber auch Kreditgeber (Banken), Funds sowie nicht zuletzt politische Entscheidungsträger auf unterschiedlichen Hierarchieebenen, staatliche Institutionen und der Gesetzgeber. Sie alle entwerfen und besitzen eine Vorstellung von dem Unternehmen als Marke. „Die Stärke der Marke", so Esch (2012, S. 507), steige zusammen mit „der Attraktivität der Corporate Brand oder des Unternehmens an der Börse". Eine starke Corporate Brand repräsentiert nicht nur immaterielle, sondern auch monetäre Werte, wie etwa den Börsenkurs als Ausdruck des Vertrauens der Finanzmärkte.

Charismatische Firmengründer und CEOs tragen das ihre dazu bei, ein Unternehmen als eigenständige Marke in einem positiven Licht erscheinen zu lassen (Dru, 2019). Das Unternehmen *Apple* ist ohne den Mitgründer Steve Jobs schwer vorstellbar. Ähnliches gilt für *Amazon* und Jeff Bezos sowie für *Tesla* und Elon Musk. Die zugeschriebenen Eigenschaften der Unternehmensgründer (Willenskraft, Risikofreude, Erfindungsreichtum, rhetorische Brillanz, Konsequenz und Kontinuität etc.) strahlen auf ihre Firmen ab und erreichen auf diesem Wege auch die Konsumenten und weitere Anspruchsgruppen. Dies ist aus Unternehmenssicht unmittelbar ökonomisch von Vorteil, kann sich aber mittelbar auch als Risiko erweisen. Etwa dann, wenn das prominente Führungspersonal zu erratischen Verhaltensweisen neigt.

Zu den Grundfunktionen einer Marke und des dahinterstehenden Unternehmens gehört die Orientierungsfunktion bezüglich des Nutzens, der Anwendung und des sozioökonomischen Selbstverständnisses. Welche Vorteile bietet das Unternehmen? In welchen Bereichen ist es tätig? Welche Werte und Einstellungen vertritt es gegenüber seinen Anspruchsgruppen? Damit diese kommunikative Orientierungsfunktion erfüllt werden kann, muss das Unternehmen unmissverständlich darlegen, wofür es einsteht, welche Werte es verinnerlicht hat (z. B. Partizipation, Diversität, Toleranz) und worin seine Differenzierungsmerkmale gegenüber den Wettbewerbern liegen.

Die Orientierungsfunktion erfolgt in zwei Richtungen: nach innen und nach außen. Orientierung nach innen dient der korporativen Selbstvergewisserung, dem Mitarbeiterzusammenhaltes und der Mitarbeiteridentifikation mit dem Unternehmen, für welches sie tätig sind. Die interne Orientierung richtet sich also primär an Mitarbeiter und Entscheidungsträger des Unternehmens. Interne Kommunikation ist eine vorausschauende Maßnahme: Denn nur auf einer stabilen Grundlage gegenseitigen Vertrauens lassen sich anstehende notwendige Veränderungen und Marktanpassungen intern durchsetzen. Die Orientierung nach außen hingegen vermittelt Kontinuität, Leistungs- und Qualitätsversprechen sowie ein Höchstmaß an Berechenbarkeit. Die äußere Orientierungsfunktion dient dazu, ein positives Unternehmensimage, Markenkohäsion und Kontinuität zu kommunizieren. Konsumierende sollen in ihrem bisherigen Kaufverhalten bestätigt und weitere Interessenten gewonnen werden. Die Unternehmensmarke fungiert als Kompass für aktuelle und zukünftige Konsumentscheidungen. Beide Orientierungsfunktionen der Unternehmensmarke dienen ultimativ dem ökonomischen Erfolg und der Stabilität des Unternehmens.

Die *Relevanz der Unternehmensmarke* ist grundsätzlich multidimensional und erreicht simultan mehrere wichtige Anspruchsgruppen:

- **Mitarbeiter:** Identifikation, Motivation, positive emotionale Grundhaltung gegenüber dem Unternehmen als Organisation
- **Öffentlichkeit:** Akzeptanz, Vereinbarkeit mit geltendem gesellschaftlichem Grundverständnis und kollektiven Werten (Verantwortung, Respekt, Vorbildcharakter)
- **Medien und Multiplikatoren:** Themen von aktuellem oder übergeordnetem Interesse, aktuelle Ereignisse und Entscheidungen, Produktneuheiten, Personalfragen (CEO)
- **Politik:** Transparenz, Steuerlegalität, Nachhaltigkeit, Systemkonformität
- **Shareholder, Finanzmärkte:** Profitabilität, unternehmerische Vision, Strategie, Marktpositionierung, Investionen

Die jeweiligen Botschaften an die unterschiedlichen Anspruchsgruppen sollten einander nicht widersprechen, sondern, im Gegenteil, aufeinander abgestimmt sein (Esch, 2012, S. 512):

„Das Ziel einer Markenstrategie ist (…) der Aufbau klarer und eigenständiger Vorstellungsbilder zu einer Marke in den Köpfen der Anspruchsgruppen, die eine Identifikations- und Differenzierungsfunktion bewirken und dazu führen, dass eine Marke gegenüber anderen Marken bevorzugt wird. Daraus resultiert ein entsprechend hoher Markenwert. (…) Auch ist die Bereitschaft zum Kauf von Aktien solcher Unternehmen größer, bei denen man über ein klares Markenbild verfügt."

Unternehmenskommunikation umfasst die Gesamtheit aller Kommunikationsmaßnahmen eines Unternehmens, im engeren Sinne jedoch die Aussagen über das Unternehmen selbst – etwa im Gegensatz zur bloßen Produktwerbung. Unternehmenskommunikation entscheidet über die Außen- und Innenwahrnehmung des Unternehmens und prägt die Vorstellungen dessen wichtigster Anspruchsgruppen. Unternehmenskommunikation als Entscheidungsinstrument ist stets an der Spitze eines Unternehmens angesiedelt. Hier werden zentrale Aussagen definiert und formuliert, Kommunikationswege und adäquate Medien identifiziert und die passende Kommunikationsdramaturgie festgelegt. Unternehmenskommunikation ist ein struktureller Oberbegriff und beinhaltet im Einzelnen:

- Aufbau und Pflege der Unternehmenswebsite und weiterer Kommunikationskanäle wie Podcasts und Social Media
- Sämtliche unternehmensrelevanten Aktivitäten im Bereich Public Relations

4.1 Das Unternehmen als Marke

- Reden und öffentliche Auftritte des Top-Managements, Pressekonferenzen
- Gesellschaftliche und karitative Aktivitäten des Unternehmens (Stiftungen, Kunstsammlungen, soziale Engagements, bildungspolitische Maßnahmen)
- Shareholderkommunikation, insbesondere Geschäftsbericht und das gesamte interne und externe Berichtswesen (CSR-Report, Umwelt-Report)
- Image-Publikationen, zumeist als Download im Pressebereich der Unternehmenswebsite
- Interne Kommunikation

Der soziale Kontext ist für Unternehmen und ihre Marken entscheidend, auch wenn sie sich primär als Wirtschaftsform und -organisation begreifen. Absatzorientierte Unternehmen sind niemals entkoppelt von gesellschaftlichen Debatten, Wertewandel und Ideologien, moralischen Postulaten und sozialen Verhaltens-Codices. Unternehmen sind Teil der Gesellschaft, und als solche dieser auch verpflichtet.

Gegenwärtig setzen Politik, Medien und vor allem die Öffentlichkeit Unternehmen stark unter Druck, sich zu gesellschaftlichen Debatten zu artikulieren und zu positionieren. Unternehmen reagieren darauf mit einer deutlichen Herausstellung der sozialen Verantwortung (Corporate Social Responsibility, kurz: CSR) und ihrer gesellschaftlichen Einbindung. Als Arbeitgebermarke möchte ein Unternehmen von seinen bestehenden und potenziellen Mitarbeitern als fair, verantwortungsbewusst, tolerant und ethisch wahrgenommen werden.

Seit der Jahrtausendwende ist ein Paradigmen- und Themenwechsel in der Unternehmenskommunikation zu beobachten, der sich am ehesten mit einer *Veränderung der kommunizierten Inhalte und ihrer Darstellungsweise* umschreiben lässt. Öffentlich von Unternehmen adressierte Themen sind weniger und nicht nur ausschließlich einer ökonomischen Logik verpflichtet (Arbeitsplätze, Erhöhung des Steuervolumens, Wohlstandssicherung), sondern greifen vermehrt aktuelle gesellschaftliche Phänomene und Diskurse auf, die sich zuvor bereits medial ausgebreitet haben: Black Lives Matter, LGBTQ+, Fridays for Future, #metoo, Eindämmung des Klimawandels etc.

Anders gesagt: Die Wirtschafts-, Unternehmens- und Markenkommunikation nimmt sich zunehmend der Fragen, Probleme und Herausforderungen der Gesellschaft und ihrer Bürgerinnen und Bürger an, die im Zweifelsfall – aber nicht immer – auch ihre Kunden und Abnehmer sind. Diversität, Antirassismus, Ökologie, Nachhaltigkeit und Emanzipation sind keineswegs genuin unternehmerische Themen, sie entstammen vielmehr der gesellschaftlichen Hemisphäre. Dennoch werden sie aktuell und in der jüngsten Vergangenheit verstärkt von Unternehmen genutzt, um sich in der Öffentlichkeit politisch zu positionieren: als progressiv, integer, solidarisch, verantwortungsvoll etc. Zu beobachten sind eine Wiederentdeckung gemeinschaftlicher Werte als korporative Verantwortung, eine soziale bzw. ökologische Neuorientierung von Unternehmen und die starke Betonung der gesellschaftlichen Zugehörigkeit und Wertegemeinschaft.

Zwei Beispiele sollen den Prozess des Bedeutungszuwachses gesellschaftlich-ökologischer Themen für die Unternehmen und Unternehmenskommunikation veranschaulichen. Sie verdeutlichen, wie das ökologische Profil eines Unternehmens in einen Wettbewerbsvorteil umgemünzt werden kann:

- BlackRock, eine der größten Investmentgesellschaften der westlichen Welt, möchte in Zukunft zu 25 % in nachhaltige Geschäftsmodelle investieren (Blackrock, 2021).
- Der schwäbische Weltkonzern Bosch möchte bis spätestens 2035 klimaneutral produzieren (Bosch, 2021).

Diese Themenverschiebung von einer rein ökonomischen hin zu einer gesellschaftlichen Agenda lässt sich konkret benennen als:

- Instrumentalisierung von gesellschaftlichen Anliegen aus Gründen der Opportunität
- Sensibilisierung der Wirtschaft gegenüber gesellschaftlichen Themen, die nun auch unternehmensseitig nachvollzogen werden
- Anpassung der Unternehmenskommunikation an den gesellschaftlichen Mentalitätswandel
- Totalitarisierung des Gesellschaftsbegriffes unter dem Druck globaler Probleme

Diese bewusste und sicherlich auch gewollte Themenverschiebung hat selbstverständlich Folgen für die Unternehmensmarke. Diese wird, unter den Vorzeichen des gesellschaftlichen Wandels, ebenfalls repositioniert und reinterpretiert. Wenn ökologische Aspekte an Wert gewinnen, rücken andere Eigenschaften von Marke und Produkt in den Hintergrund. Auch Marken durchlaufen einen evolutionären Bedeutungswandel, um relevant im Bewusstsein der Konsumierenden zu bleiben.

Auffallend am Bild der Gegenwart ist die Hinwendung der Unternehmens- und Markenkommunikation zu gesellschaftlichen und politischen Themen, wie zum Beispiel Diversität, Interkulturalität, Respekt und Antidiskriminierung. Diese thematische Verschiebung der Wirtschaft lässt sich als Spiegelung überlagerter gesellschaftlicher Prioritäten und Trends deuten.

4.2 Markentradition

Viele noch heute bekannte Marken wie Maggi (1897), Milka (1901), Mercedes (1902) oder Persil (1907) entstanden um die Jahrhundertwende. Bereits im letzten Drittel des 19. Jahrhunderts wurden die bis heute existierenden Marken Pelikan (1878), van Laack (1881) und AEG (1887) markenrechtlich eingetragen. Aspirin folgte 1899 (Herbrand & Röhrig, 2006, S. 16). Im Europa des späten 19. und frühen 20. Jahrhunderts – der Hochphase des Kapitalismus – erlebte die Wirtschaft einen enormen industriellen Aufschwung, der nicht nur beträchtlichen bürgerlichem Wohlstand schuf, sondern auch eine Reihe von industriell gefertigten Produkten zu bekannten Marken machte. Diese profitieren bis heute von einer langen und einzigartigen Firmen- und Markenhistorie, die sich im direkten Wettbewerb als unschätzbarer Vorteil erweist. Tradition erweist sich als Alleinstellungsmerkmal und singuläres Argument im Marketing. Nur von der Vergangenheit lässt sich behaupten, dass sie uns ganz gehöre. Unternehmen, die bereits langfristig am Markt sind, entdecken diesen inneren Markenwert als Möglichkeit einer singulären und glaubwürdigen Positionierung.

Sofern ein Unternehmen für sich in Anspruch nehmen kann, eine Technologie, ein innovatives Produkt oder sogar eine ganze Produktkategorie erfunden und marktgängig gemacht zu haben, lässt sich diese Pionierleistung auch in Markenführung und Marketing als Verkaufsargument nutzen. Tradition und langfristiger Unternehmenserfolg sind letztlich Indizien dafür, dass sich Vertrauen lohnt. Zudem ist die Unternehmenshistorie ein außerordentlich starkes Differenzierungsmerkmal gegenüber Wettbewerbern.

Bekannte Beispiele für starke Traditionsmarken sind:

- Der schwäbische Automobilhersteller Mercedes, der für sich in Anspruch nimmt, das Automobil als industriell gefertigtes Fortbewegungsmittel erfunden zu haben.
- Der erste Personal Computer (PC), der von dem kalifornischen Unternehmen Apple seriell gefertigt wurde.
- Die erste Automatikuhr, die unter der Bezeichnung Oyster Perpetual von der Schweizer Uhrenmanufaktur Rolex entwickelt wurde.

Der positive Zusammenhang zwischen Markenhistorie und Markenerfolg wird auch in der Marketingliteratur ausführlich diskutiert. Marken mit einer ausgeprägten geschichtlichen Identität

„profitieren von einem Markenguthaben, das sie im Zeitablauf bei den Anspruchsgruppen aufgebaut haben. Sie haben sich allerdings laufend weiterentwickelt und veränderten Marktbedingungen und dem jeweiligen Zeitgeist angepasst, sei es durch die sukzessive Weiterentwicklung ihrer Markenidentität, die Aufnahme neuer Produkte oder den Eintritt in neue Märkte." (Esch & Brunner, 2006, S. 153)

Insbesondere Genussmittel wie Schokolade, Tabak, Bier oder Wein, aber auch Modemarken und andere Luxusgüter (Markenschmuck) profitieren vom Wert einer ungebrochenen Markentradition. Die Gründe hierfür sind mehrschichtig und können folgendermaßen dargestellt werden:

- **Tradition der familiären Nutzung:** Marken, die bereits seit Jahrzehnten existieren, schreiben sich über Generationen hinweg als Erfahrungswert tief in das Kauf- und Verbraucherverhalten ein. Wer schon als Kind im Elternhaus oder bei den Großeltern Nutella als Brotaufstrich kennen- und schätzen gelernt hat, wird diese spezifische Verbraucherpräferenz auch an seine eigenen Kinder weitergeben. Ähnliches gilt für weitere Ernährungsmittel, Waschmittel, Taschentücher etc. Traditionsreiche Marken können mittlerweile auf Verbrauchererfahrungen über drei oder sogar vier Generationen hinweg anknüpfen.
- **Tradition der Qualität:** Positive Konsumerfahrungen, insbesondere bei langlebigen Gütern, führen oftmals zu Wiederkäufen. Das ist sowohl eine Frage der Gewohnheit (habituell) als auch Ausdruck des Wunsches, Enttäuschungen zu vermeiden. Wer einmal eine positive Konsumerfahrung mit einer Marke gemacht hat, wird im Regelfall auch weiterhin auf ihre Produkte zurückgreifen. Klassisches Beispiel ist der Hosenkauf. Wenn die Jeans sitzt, wird man bei der einmal gewählten Marke bleiben. Markenloyalität ist eine starke Motivation für den Wiederkauf eines Produktes und nur möglich, wenn die Marke ihre Tradition auch in der Zukunft fortschreibt.
- **Tradition der Exklusivität:** Marken können ihre Position im Hochpreissegment nur dann aufrechterhalten, wenn ihre Reputation als exklusive Marke unbeschädigt bleibt. Design und Produktionsweise mögen sich ändern, nicht aber die Sozialfunktion der Marke als Instrument persönlicher Distinktion. Es ist auffällig, dass insbesondere Luxusmarken neben den obligatorischen neuen Trendprodukten stets auch ihre Longseller im Sortiment behalten – Produkte, die sich in Material und Design oftmals seit Jahrzehnten nicht oder nur kaum verändern.
- **Tradition der Langlebigkeit:** Das klassische Beispiel für langlebige Markenprodukte sind Haushaltsgeräte wie z. B. Mixer, Waschmaschinen, aber auch Besteck und Geschirr. Oftmals sind diese Markenprodukte lebenslange

4.2 Markentradition

Begleiter im Haushalt. Die Prädisposition und eine, bewusste oder unbewusste, Präferenz für eine Marke sind unlösbar mit Erinnerungen verwoben. Die Wahrscheinlichkeit, über Generationen hinweg identische Kaufentscheidungen zu treffen, ist daher vergleichsweise hoch. Auch hier haben Traditionsmarken einen unschlagbaren Vorteil gegenüber Newcomern – Erinnerungen lassen sich nicht simulieren.

Gerade in konservativen Sozialmilieus ist die langjährige Tradition einer Marke ein positiv bewertetes Attribut, das ihr den Nimbus von Distinktion, Prestige und Status verleiht, unabhängig davon, wie alt das Produkt bereits ist. Innovation wird in diesem Kontext nicht als Wert an sich interpretiert, vielmehr geht es um Marken- und Produkteigenschaften, welche vermeintlich die Zeiten überdauern. Dies erklärt u. a. auch den Erfolg von Oldtimern und gebrauchten Armbanduhren. Diese Produkte repräsentieren prestigeträchtige Marken, deren Wert im Alter nicht abnimmt, sondern sogar steigt. Ohne eine bewusst gepflegte Traditionslinie der Marke wäre dies gar nicht möglich. Traditionsmarken benötigen also Beides: sowohl eine tief in die Vergangenheit zurückreichende Kontinuität als auch die Bereitschaft und die wirtschaftliche Fähigkeit, diese Tradition auf zeitgemäße Art und Weise in Gegenwart und Zukunft fortzuschreiben (Buß, 2006, S. 203):

„Die Tradition eines Unternehmens begründet (…) tief verankerte Vorstellungsbilder. Sie sorgen für Stillstand im Bilderrauschen moderner Medien, im Strom der Informationsflut (…) und sorgen zugleich für jene Ruhepunkte, von denen öffentliche Bindungen an ein Unternehmen ihren Ausgang nehmen. Sie sorgen für die eigentliche Essenz der Kundenbindung."

Ohne Zweifel: Die kontinuierliche und systematische Anpassung an das geänderte gesellschaftliche und wirtschaftliche Umfeld ist notwendig für den Fortbestand einer Marke. Wenn sich wirtschaftliche, technologische und gesellschaftliche Faktoren grundlegend ändern, muss auch die Marke adäquat auf diesen Wandel reagieren. Tradition ist vorteilhaft im Wettbewerb, da sie Vertrauen schafft, aber sie ist kein Erfolgsgarant (Esch & Brunner, 2006, S. 153):

„Allerdings sind auch viele Marken von der Bildfläche verschwunden, weil sie notwendige Anpassungsschritte entweder nicht vollzogen haben oder ihre Marke durch nicht markenkonforme Veränderungen verwässert haben."

Gerade die disruptive Kraft der Digitalisierung zeigt eindrucksvoll, wie technologische Newcomer nicht nur völlig neue Märkte explorieren, sondern auch etablierte Platzhirsche global herausfordern. Hier erweist sich Tradition eher als

Ballast und nicht als Katalysator der Innovation. Die prominentesten Beispiele dieser Entwicklung dürften die US-amerikanischen Unternehmen Amazon und Tesla sein:

- Amazon ist es seit den 1990er-Jahren gelungen, das tradierte Modell des Versandhandels zu revolutionieren und das über Jahrzehnte gewachsene wirtschaftliche System von Groß- und Einzelhandel nahezu vollständig zu substituieren. Innerhalb weniger Jahrzehnte stieg das Unternehmen zu einer der weltweit wertvollsten Marken auf.
- Tesla als prominenter Anbieter von E-Automobilen musste die Technologie des Verbrennungsmotors überhaupt nicht nachvollziehen, sondern investierte ausschließlich in batteriebetriebene Motoren. Das individuell genutzte Auto wird Teil einer umfassenden digitalen Infrastruktur. Auf diese Weise positionierte sich Tesla mit Erfolg als führende Innovationsmarke – ein Attribut, welches bislang europäische Autohersteller exklusiv für sich in Anspruch genommen hatten.

Markenhistorie und -tradition bleiben also ambivalente Phänomene. Einerseits können sie starke Wettbewerbsvorteile generieren und einer Marke ein (historisch) einzigartiges und unverwechselbares Profil und Image verleihen. Andererseits kann gerade dieser starke Vergangenheitsbezug notwendige Veränderungen und Marktanpassungen verlangsamen oder sogar verhindern. Mit der Folge, dass die Marke an Relevanz verliert und schließlich gänzlich vom Markt verschwindet. Die Marke Kodak ist genau hierfür ein Beispiel. Die internationale Marktführerschaft für analoge Farb- und Schwarzweißfilme war über Jahrzehnte ein überaus einträgliches Geschäft – die starke Position als Marktführer hatte allerdings auch die Konsequenz, dass Kodak den Megatrend der Digitalisierung viel zu spät nachvollzog. Heute ist Kodak nur noch ein Nischenplayer.

Sogenannte Retrotrends, die Konsumphänomene der Vergangenheit in die Gegenwart zurückbringen, können von traditionellen Marken besonders glaubwürdig vertreten werden. In der Mode ist dies besonders auffällig, da sie sich von Saison zu Saison stets neu erfindet und dabei regelmäßig auf Formen, Farben und Kleidungsstile der Vergangenheit zurückgreift.

Wer etwa als Sportschuhhersteller bereits in den 1960er-Jahren weiße Turnschuhe herstellte, wird sich auch im Jahr 2020 mit der Rückkehr dieser Schuhmode besonders leichttun. Im Zweifelsfall können Traditionsmarken sogar für sich in Anspruch nehmen, das Original erfunden zu haben, wie dies Adidas mit dem weißen Schuhmodell Stan Smith erfolgreich praktiziert. Der japanische Sportschuhhersteller Onitsuka Tiger hat als Longseller noch immer ein Modell im Programm, welches erstmals für die olympischen Spiele in Mexico City 1966 produziert worden war. Kurzum: Traditionswerte lassen sich mit dem richtigen Marketing auch Jahrzehnte später noch monetarisieren.

Global erfolgreichen Megamarken mit langer Traditionslinie gelingt es, sich permanent zu erneuern, ohne dabei ihre Identität zu verlieren. Produkt- und Designinnovationen können viel besser in äußere und innere Strukturen integriert werden, wenn sie innerhalb eines definierten Rahmens bleiben. Diesen Handlungs- und Werterahmen gibt eine profilierte Unternehmenskultur vor.

Werte und Normen gelten zu Recht als Stabilisatoren von Unternehmen und Anspruchsgruppen. Insofern Unternehmen und Marken in der Außen- und Innenwahrnehmung Sicherheit, Orientierung und Vertrauen ausstrahlen können, ist ihre bewährte (und bewahrte) Tradition ein starker Kontinuitätsanker. Tradition ist ein schier unerschöpflicher Quell an Anknüpfungspunkten und Reinterpretationen der eigenen Historie.

Die stärkste Marken- und Unternehmenserzählung ist der *Mythos*. Dieser lässt sich, einmal etabliert, argumentativ und rational kaum mehr zerstören und überlebt selbst gravierende Krisen (Barthes, 1964, S. 133):

„Die Menschen stehen zum Mythos nicht in einer Beziehung der Wahrheit, sondern des Gebrauchs."

Diese Überlegung des französischen Kulturwissenschaftlers Roland Barthes trifft ganz besonders auf den Gebrauch von Marken und ihren Produkten zu.

4.3 Unternehmensmarke und Unternehmenskultur

Auch Unternehmen sind in gewissem Sinne Organismen, die sich permanent entwickeln und verändern. Deshalb können sich im Verlauf der Jahre aus unternehmensinternen Gründen, durch (vermeintlich) notwendige Marktanpassungen, Diversifikation, strategische Neuausrichtungen, Zukäufe, Eigentümerwechsel, Gesetzesänderungen etc. die Firmenkultur, ihre Werte und ihr interner Verhaltenskodex *(Code of Conduct)* radikal wandeln. Unternehmenskulturen sind niemals statisch, sondern wandelbar und dynamisch.

Unternehmenskultur ist Teil übergeordneter gesellschaftlicher Wert- und Handlungsvorstellungen und bleibt nicht unberührt von diesen. Auch Unternehmensführung ist letztlich Ausdruck dessen, wie Autorität und Macht außerhalb wirtschaftlicher Zusammenhänge in Politik und Gesellschaft diskutiert und definiert werden (Weber, 1972). Gesellschaftliche Entwicklungen wirken stark auf unternehmerische Entscheidungen ein und sind Motor ökonomischer Veränderung. Im Bereich der Mode wird das offensichtlich: Ästhetische Trends und Kleidungskonventionen haben unmittelbare Auswirkungen auf die Kreation und Produktion von Kleidungsstücken. Die Tatsache, dass Frauen heute Hosen tragen, ist Ergebnis ihrer Emanzipation seit den 1950er-Jahren, und nicht umgekehrt. Unternehmensmarken passen sich also in unterschiedlicher Ausprägung an den jeweils herrschenden Zeitgeist an. Selbst wenn sich ein Unternehmen den Trends vermeintlich widersetzt, bezieht es sich dennoch durch die eigene statische Selbstidentität auf die Dynamik der gesellschaftlichen Veränderung als Kontrastfolie.

Unternehmen haben ein organisationsbedingtes und ökonomisches Interesse daran, Arbeitsweisen und Hierarchien zu strukturieren, Erfolgskriterien zu definieren und eine eigene Unternehmenskultur auszuprägen, an der jeder einzelne Mitarbeiter teilhat und diese sogar internalisiert. Unter dem Begriff der Unternehmenskultur werden daher auch das mehr oder weniger gelingende Zusammenspiel von Mitarbeitern und Management, die Formen des persönlichen Umgangs, die eingehaltenen Kommunikationswege, die explizit benennbaren Kommunikationsinhalte, die Fähigkeit zur Selbstkritik und nicht zuletzt die Lernfähigkeit des Unternehmens als Mikrosystem verstanden.

Eine ausgeprägte und klar benennbare Unternehmenskultur erhöht zudem das Identifikationspotenzial der Mitarbeiter mit dem Unternehmen. Identifikation bedeutet, dass sich wesentliche Anspruchsgruppen in den Prioritäten des Unternehmens, in seinen Werten und seiner Bereitschaft, Verantwortung zu übernehmen, emotional und ethisch wiederfinden.

Die überzeugend dargestellte und authentisch gelebte Unternehmenskultur stärkt eine Organisation auf mehreren Ebenen. Neben der bereits genannten Identifikation der Mitarbeiter mit dem Unternehmen sind dies:

- größeres Vertrauen der Märkte und Finanzpartner (Banken, Investoren, Aktionäre)
- Stärkung der Marktposition bei Konsumenten und Multiplikatoren
- Sicherung bestehender und Eroberung neuer Absatzmärkte
- attraktiver Arbeitgeber (von wachsender Bedeutung angesichts der demografischen Entwicklung)

Auch die Unternehmenskultur in ihrer vielschichtigen Ausprägung dient im Kern der Gewinnung, Pflege und Erhaltung des Vertrauens aller relevanten Bezugsgruppen.

4.3 Unternehmensmarke und Unternehmenskultur

Damit ist Unternehmenskultur zentrales Aufgabenfeld der Unternehmenskommunikation.

Die Unternehmenskultur wird oft auch „Corporate Culture" genannt. Sie ist, anders als technologische Aspekte der Unternehmensentwicklung, ausschließlich wertegeleitet. Unternehmenskultur benennt explizit und implizit, was dem Unternehmen wichtig ist. Im Begriff der Kultur ist nach heutigem Verständnis der Gedanke des Pluralismus bereits enthalten. Es gibt nicht „die" Unternehmenskultur schlechthin, sondern nur singuläre Ausprägungen. Einige mögliche Parameter sind:

- Global Player *oder* regional/national tätiges Unternehmen
- Familienunternehmen *oder* börsennotiert
- Patriarchalische Strukturen *oder* rationales Management
- Direkter *oder* indirekter Kundenkontakt (z. B. Handel oder Zulieferer)
- Produktion *oder* Dienstleistung
- Hohe *oder* geringe soziale Akzeptanz (z. B. Medizintechnik oder Tabakindustrie, Kinderspielzeug oder Verteidigungstechnologie)

Ja nach Historie und Herkunft, Verbreitungsgrad, Daseinszweck und Organisationsstruktur eines Unternehmens ist auch seine innere Kultur eine gänzlich andere. Kulturelle Werte eines Unternehmens müssen festgelegt und artikuliert werden. Dies geschieht i. d. R. durch das Unternehmensleitbild, welches für Mitarbeiter und Manager gleichermaßen verpflichtend ist.

Im Idealfall wird ein Unternehmensleitbild unter Einbindung aller Hierarchiestufen erarbeitet; in der Realität jedoch wird meist ein Top-down-Prozess initiiert. Damit ein Unternehmensleitbild mehr darstellt als bloß ein paar gefällige, in Workshops erarbeitete Formulierungen, muss es im Alltag eines Unternehmens glaubhaft umgesetzt und in dessen spezifischer Organisationskultur verankert werden. Sonst bleibt es nur bei einem Bild – und wird eben nicht gelebte Realität.

Es leuchtet unmittelbar ein, dass der primäre Daseinszweck von Unternehmen nicht ethischer, sondern wirtschaftlicher Natur ist. Dies wird von Wirtschaftsethikern jedoch mit einer deutlichen Einschränkung versehen (Noll, 2010, S. 324):

„In marktwirtschaftlichen Systemen ist die Generierung oder Maximierung der Gewinne eine legitime, aber nicht die letzte Zielsetzung."

Auch Unternehmen müssen sich gegenüber Staat und Gesellschaft erklären. Das Wertesystem und der sogenannte *Code of Ethics* eines Unternehmens müssen mit dem geltenden gesellschaftlichen Wertesystem vereinbar sein. Eine bewusst festgelegte Unternehmenskultur kann daher auch als kontinuierlicher Versuch gewertet werden, das Wertesystem von Unternehmen (Organisation), Marke und Gesellschaft in Einklang zu bringen. Die wechselnde Priorisierung in der Politik, die sich ändernde Mentalität der Anspruchsgruppen und nicht zuletzt der Wechsel der Generationen und ihrer Einstellungen, auch hinsichtlich des Konsums, stellen die Unternehmens- und Markenkommunikation vor eine sich stets ändernde Herausforderung. Unternehmen müssen sich an ihr Umfeld anpassen, um erfolgreich zu bleiben, sie müssen jedoch zugleich technologisch und als Organisationsform wettbewerbsfähig sein.

Das verbindende Element zwischen den veränderlichen (dynamischen) und den unveränderlichen (statischen) Werten eines Unternehmens ist dessen spezifisches Normenverständnis. Normen sind Wertvorstellungen, die unbedingt, also unabhängig von den jeweiligen Umständen, Gültigkeit beanspruchen. Sie sind eine feste Bezugsgröße für alle Anspruchsgruppen eines Unternehmens. Sie bezeichnen ein elaboriertes und hierarchisiertes System von verbindlich gültigen, handlungsrelevanten Vorstellungen, deren Befolgung honoriert, deren Missachtung jedoch (symbolisch oder auch juristisch) sanktioniert wird.

Werte und Normen innerhalb eines Unternehmens definieren Haltungen, Ausdrucksformen und Handlungskorridore, die zum Weiterbestand und Erfolg dieses Unternehmens beitragen – sei es im wirtschaftlichen, sozialen oder kommunikativen Sinne. Werte sind kulturelle Errungenschaften und bestehen niemals unabhängig voneinander. Sie bilden das Fundament jeder Kultur – jenes Minimum an kollektiven Übereinkünften bezüglich des wünschenswerten bzw. zu sanktionierenden Verhaltens, das Gemeinschaft überhaupt erst möglich macht. So sind auch Unternehmenswerte niemals von der spezifischen Unternehmenskultur zu trennen, ihre Werte sind expliziter Ausdruck der jeweiligen Unternehmenskultur.

Für das erfolgreiche Bestehen eines Unternehmens ist eine – im Idealfall möglichst große – Schnittmenge zwischen Unternehmenswerten, individuellen Werten der Mitarbeiter und kollektiven Werten des gesellschaftlichen Umfeldes und der Anspruchsgruppen notwendig. A. Gehlen (2016, S. 143) spricht vom „Rationalismus der Nahziele, wie ihn die Industriekultur erzeugt". Das Unternehmen benötigt zur Aufrechterhaltung seiner Existenz eine hohe Anknüpfungsfähigkeit an die Wertvorstellungen seiner Anspruchsgruppen. Nur auf diese Weise bleibt das Unternehmen wirtschaftlich und gesellschaftlich relevant.

Je nach Branche, Selbstverfassung und Selbstverständnis einer Organisation oder eines Unternehmens werden unterschiedliche Werte und Werthierarchien implizit oder explizit festgelegt (Macharzina & Wolf, 2023, S. 244):

4.3 Unternehmensmarke und Unternehmenskultur

„Unternehmenskultur ist dadurch gekennzeichnet, dass die in ihr zusammengefassten Werte und Normen von der Mehrzahl der Unternehmensangehörigen getragen (und verinnerlicht) werden."

Unternehmenswerte können einander ergänzen, auch wenn sie nicht immer logisch aufeinander aufbauen. Im Folgenden einige prägnante Beispiele:

- Shareholder-Value *und zugleich* soziale Verantwortlichkeit (Finanzbranche)
- Ökologisches Bewusstsein *und zugleich* Freude am Energieverbrauch (Automobilbranche)
- Soziales Engagement *und zugleich* Gewinnmaximierung (Stiftungen)
- Kultursponsoring *und zugleich* Profitorientierung (philanthropische Institutionen)

Diese Widersprüche können im Kern nicht gänzlich aufgelöst werden. Diese divergierenden Werte führen zu einer dynamischen Grundspannung innerhalb des Unternehmens.

Werte sind an Menschen gebunden, die sie bejahen oder ablehnen können. Starke Unternehmensmarken lassen den Einzelnen zumindest nicht indifferent, da sie sich selbst auf konkrete Werte beziehen (Macharzina & Wolf, 2023, S. 245):

„Das Merkmal Prägnanz umreißt die Klarheit der von den Unternehmensangehörigen geteilten Werte und Normen. Bei starken Unternehmenskulturen sind die Werte und Normen deutlich ausgeprägt, sodass der Einzelne seine Handlungen daran ausrichten kann."

Der sich notwendigerweise vollziehende gesellschaftliche Wertewandel hat direkte Auswirkungen auf die Unternehmenskultur. Kein Unternehmen agiert außerhalb der Gesellschaft (Weber, 1972), kein Unternehmen kann gegen herrschende gesellschaftliche Trends langfristig erfolgreich sein. Insofern ist eine ständige (eben nicht fallweise) Anpassungsleistung an gesellschaftliche Veränderungen für ein Unternehmen, seine Produkte und Dienstleistungen schlichtweg existenziell wichtig.

Dabei können sich ganze Branchenimages entsprechend dem Zeitgeist verändern. Die Finanzbranche beispielsweise erlitt durch die Bankenkrise (2008) einen massiven globalen Reputationsverlust. Ressourcenintensive Geschäftsmodelle und ökologisch riskante Produktionsprozesse haben hierzulande keine gesellschaftliche Akzeptanz mehr – Unternehmen sind gezwungen, umzulenken und auch technologisch umzurüsten.

Oftmals reagieren Unternehmen auf Druckszenarien, die vonseiten der Politik und der Zivilgesellschaft auf sie ausgeübt werden. „Nachhaltigkeit" oder „Antidiskriminierung", um zwei prominente Beispiele zu nennen, sind vordergründig keine ökonomischen Begriffe, werden aber durch öffentlichen Druck nunmehr auch auf die Ökonomie ausgedehnt. Unternehmenskulturen spiegeln also gesellschaftliche Wirklichkeit wider und entwickeln sich mit dieser weiter oder nehmen eine neue Richtung.

Es fällt auf, dass seit der Jahrtausendwende politische, soziale und ökologische Faktoren auf die Unternehmenskultur und -kommunikation einwirken. Branchenübergreifend positionieren sich Unternehmen zu gesellschaftlichen Themen und versuchen, im Bewusstsein der kritischen Öffentlichkeit zu punkten. Das Technologieunternehmen Siemens etwa bot 2020 Aktivisten der Grassroots-Bewegung „Fridays for Future" ein Aufsichtsratsmandat an (Watzke, 2020).

Die Unternehmenskultur öffnet sich gegenüber globalen Gesellschaftstrends, die oftmals ihren Ursprung in zivilgesellschaftlichen Initiativen haben, wie z. B. „#metoo", „Black lives matter" oder „gender equality". Das Signal richtet sich an Verbraucher, Zivilgesellschaft und Politik gleichermaßen: Unternehmenskultur ist immer auch Ausdruck von Gesellschaftskultur und ihren spezifischen Ausprägungen.

Damit vollziehen Unternehmen den Wertewandel ihres Umfeldes nach und bleiben auf mehreren Feldern relevant:

- Als Hersteller von Produkten und Anbieter von Dienstleistungen, die den jeweils prägenden Zeitgeist widerspiegeln und damit auch im Mindset der Konsumenten relevant bleiben
- Als verantwortungsvolle und verlässliche Organisation, die sich gegenüber ihren Anspruchsgruppen transparent und rational verhält
- Als fairer Partner gegenüber Lieferanten
- Als attraktive Arbeitgebermarke

Aufgrund des demografischen Wandels wird es für Unternehmen zunehmend wichtiger, bei der Ansprache potenzieller Mitarbeiterinnen und Mitarbeiter auf eine attraktive und grundsätzlich offene Unternehmenskultur verweisen zu können.

4.4 Das Unternehmen als Arbeitgeber (Employer Brand)

Unternehmen als Marke sind nicht nur als Hersteller und Distributoren von Produkten ökonomisch relevant, sondern auch, und vielleicht sogar in erster Linie, als Arbeitgeber. Unternehmen positionieren sich gegenüber potenziellen und aktuellen Mitarbeitenden als attraktive Organisationen, die im Wettbewerb der Talente neben Verdienst- und Arbeitsmöglichkeiten etliche materielle und immaterielle Vergünstigungen bietet. Je höher der demografische Druck, desto notwendiger das unternehmensseitige Engagement im sogenannten „Employer Branding" (Bittlingmaier & Schelenz, 2015, S. 20):

> „Der Wandel vom Arbeitgebermarkt mit hoher Arbeitslosigkeit (und den Arbeitgebern als den Umworbenen) hin zum Arbeitnehmermarkt mit Vollbeschäftigung (und Unternehmen, die sich bei potenziellen Mitarbeiterinnen und Mitarbeitern bewerben) verlangt nach neuen Personalstrategien."

Ziel des Unternehmens als Arbeitgebermarke ist es, qualifiziertes Personal zu identifizieren, anzusprechen und möglichst langfristig an das Unternehmen zu binden. Komplexe Prozesse, schneller Technologiewandel und ein unübersichtliches Marktumfeld erfordern hochqualifizierten Mitarbeiterinnen und Mitarbeitern, die anpassungsfähig und zuverlässig sind. Zugegeben, diese sind schwer zu finden (Wellner, 2014, S. 62):

> „Mit der Positionierung einer attraktiven Arbeitgebermarke (Employer Brand) soll das Präferenzverhalten von potentiellen, aktuellen und ehemaligen Mitarbeitern positiv zugunsten der Unternehmung beeinflusst werden."

Das Unternehmen als Employer Brand entwirft ein Bild von sich selbst, in dem sich die aktuellen und potenziellen Mitarbeiterinnen und Mitarbeiter wiedererkennen können. Das Unternehmen präsentiert sich als Marke, deren Eigenschaften eng an den Wert der Arbeit angelehnt sind. Wie bei Produktmarken auch kommt es bei der Employer Brand darauf an, Selbstbild und Fremdbild des Unternehmens in einer produktiven Balance zu halten. Das Unternehmen kommuniziert ein spezifisches Selbstverständnis, eine unverwechselbare Unternehmens- und Arbeitskultur, die nicht abstrakt gemeint, sondern konkret am Arbeitsplatz im Unternehmen erlebbar sind. Der unmittelbare und messbare Erfolg des Employer Brandings lässt sich daran ablesen, ob hinreichend talentierte Mitarbeiter gewonnen und gehalten werden können. Employer Branding steht direkt an der Schnittstelle zwischen klassischer Unternehmenskommunikation und Human Ressource Management. Durch den rapiden digitalen Wandel der Produktions- und Kommunikationstechnologien innerhalb der Unternehmen ist auch das Employer Branding anspruchsvoller und facettenreicher geworden, da es nicht mehr ausschließlich von unternehmensinternen, mithin selbst gestaltbaren Faktoren abhängt, sondern auch das Umfeld berücksichtigen muss. Dabei fällt auf, dass Reputation und Image eines Unternehmens, gerade auch als Arbeitgeber, nicht ausschließlich von den Kommunikationsstäben des Unternehmens geschaffen und gelenkt werden, sondern auch in den Händen externer Anspruchsgruppen liegen. Anders gesagt: Die Deutungshoheit über ein Unternehmen als Arbeitgeber liegt außerhalb seiner eigenen Kommunikationsmöglichkeiten (Bittlingmaier & Schelenz, 2015, S. 21):

„Digitalisierung und Social Media machen das Führen einer Arbeitgebermarke enorm aufwendig und schwierig. Personal- oder Marketingabteilung können natürlich steuern, aber das Image des Unternehmens entsteht ganz woanders. Erfolge, Krisen, Skandale werden rasend schnell einem breiten Publikum bekannt – und beeinflussen den Ruf eines Unternehmens womöglich in weit höherem Maße, als eine Employer-Branding-Kampagne das je könnte. Dabei braucht es noch nicht mal großer Skandale, um ein negatives Image zu formen. Einzelmeinungen, die früher unterhalb jeder Wahrnehmung geblieben wären, tragen heute – über Facebook (…) und Co. in Windeseile und tausendfach verbreitet – massiv zur Imagebildung bei. Die Deutungshoheit bezüglich des guten Rufs eines Unternehmens liegt damit schon lange nicht mehr beim Unternehmen allein."

Als Employer Brand im 21. Jahrhundert ist es nicht hinreichend, einige positive Aspekte eines Unternehmens vordergründig zu kommunizieren. Den Postulaten sollten auch Handlungen folgen. Es geht vor allem darum (Bittlingmaier & Schelenz, 2015, S. 31),

„Sinn zu stiften und diesen auch erlebbar zu machen. Solch ein erlebbarer Sinn kann die ethische Haltung eines Unternehmens zu seinen Produktionsstandards sein. Sinn steht dafür, wie ein Unternehmen mit seinen Mitarbeitern umgeht. Sinn ergibt sich auch aus dem Zweck eines Unternehmens, aus dem Nutzen, den seine Produkte und Dienstleistungen den Kunden und der Gesellschaft bringen."

Mitarbeiter fühlen sich Unternehmen verpflichtet, die zumindest partiell ihren eigenen Wert-, Gesellschafts- und Wirtschaftsvorstellungen entsprechen. Das Unternehmen ist, schon aus Eigeninteresse, dazu gezwungen, diese Vorstellungen zu berücksichtigen und in die Unternehmenskultur zu integrieren. Zunehmend habe sich

4.4 Das Unternehmen als Arbeitgeber (Employer Brand)

„auch in Führungskreisen die Erkenntnis durchgesetzt, dass der wirtschaftliche Erfolg und das Bestehen gegenüber dem Wettbewerb in hohem Maße von der Leistungsfähigkeit und dem Commitment der eigenen Mitarbeiter abhängt. Zusätzlich ist eine Verknappung der Ressource Arbeitskraft in Fach- und Führungskreisen (…) spürbar. Kurzfristige Schwankungen am Arbeitsmarkt, Firmeninsolvenzen und Massenentlassungen im Zuge der Globalisierung können nicht darüber hinwegtäuschen, dass die Folgen des demografischen Wandels die Unternehmen untereinander zu Konkurrenten im Kampf um die besten Köpfe werden lässt." (Wellner, 2014, S. 61)

Employer Branding schafft vielfältige Identifikationsmöglichkeiten mit dem Unternehmen, seinen Werten und Aktivitäten. Der primäre Wert der Unternehmensidentifikation aus Sicht der Organisation liegt in der Bindung, Motivation und möglichen Leistungssteigerung der Mitarbeiter. Wenn die Sinnhaftigkeit des Unternehmens deutlich wird und Leistungsanreize fair kommuniziert und eingelöst werden, lassen sich auf diese Weise tatsächlich Effizienzsteigerungen erzielen.

Wer motiviert ist, wird im Regelfall auch produktiver sein. Umgekehrt gilt: Aus Sicht der Mitarbeiterinnen und Mitarbeiter bietet die Identifikation mit dem Unternehmen eine Vielzahl von materiellen, symbolischen und ideellen Vorteilen: Sicherheit, Karrieremöglichkeit, Stolz und Zugehörigkeit, Gruppengefühl etc.

Zumal aus demografischen Gründen steigt die Notwendigkeit für Unternehmen, ein eigenes Markenprofil als Arbeitgeber herauszuarbeiten und nach außen und innen zu kommunizieren. Da qualifizierter Nachwuchs nicht unbegrenzt zur Verfügung steht und sich der Arbeitsmarkt für „High Potentials" zu einem Angebotsmarkt entwickelt, müssen Unternehmen im Arbeitsmarkt selbst aktiv werden. Ausdruck dieser gesteigerten Aktivitäten ist die Ausbildung von Employer Brands.

Der Druck auf die Unternehmen wächst, sich auch gegenüber ihren Arbeitskräften als Marke – mit spezifischen Werten – zu präsentieren, und diese Markeninhalte auch glaubhaft umzusetzen. Employer Branding führt also auch zu einer anpassungsfähigen Unternehmenskultur. Als Arbeitgeber wird sich das Unternehmen auch an den Maßstäben und Idealvorstellungen der eigenen Mitarbeiterinnen und Mitarbeiter messen lassen müssen:

- **Arbeitsbedingungen und Leistungsvergütung:** Arbeitszeiten, Entlohnung, Bonussystem, vermögensbildende Maßnahmen, Arbeitsplatzsicherheit, Präsenzpflicht etc.
- **Widerspiegeln des gesellschaftlichen Wertewandels:** Gleichstellung der Geschlechter, Diversität, Fairness, Familienfreundlichkeit, Klimaverträglichkeit etc.

- **Entwicklungspotenzial:** Internationalität, Innovationsgrad, Aufstiegsmöglichkeiten, Angebote zur Weiterqualifizierung
- **Organisationsstruktur:** Aktiengesellschaft oder Familienunternehmen, Beteiligungsmöglichkeiten für Mitarbeitende

Eine hohe Übereinstimmung zwischen den Erwartungshaltungen der Arbeitnehmenden einerseits und objektiv darstellbaren Unternehmenseigenschaften andererseits führt im Ergebnis zu einer starken Employer Brand, die im Wettbewerb der Talente einen Imagevorteil gegenüber weniger profilierten Unternehmen besitzt (Wellner, 2014, S. 71):

> „Die Wahl eines Arbeitgebers ist im Wesentlichen eine Individualentscheidung wobei die Arbeitgebermarke die Funktionen der Risikoreduzierung und Informationseffizienz übernimmt. Weiter wird der Entscheidungsprozess vom Involvement und einem Abgleich des Markenimage am Absatz- und Arbeitsmarkt mit dem individuelle Selbstbild beeinflusst."

Dennoch bleibt, wie bei jeder Markenentscheidung, ein Restrisiko. Ob ein Unternehmen als Arbeitgebermarke die in sie gesetzten Erwartungen tatsächlich erfüllen wird, ist aus subjektiver Sicht keineswegs gesichert (Beck, 2012, S. 30):

> „Die Entscheidung für einen Arbeitgeber ist ein Prozess der Informationsgewinnung, bei dem relevante Informationen unvollständig bleiben und ein hohes Maß an Unsicherheit existiert."

Darüber hinaus erfüllt die Arbeitgebermarke eine sozialpsychologische Funktion, da sie kohäsive Gefühle wie Gemeinschaft, Zusammengehörigkeit, Orientierung und Vertrautheit stärkt (Wellner, 2014, S. 75)

> „Durch eine starke Arbeitgebermarke nimmt die Bedeutung der Markenfunktion in Form von Informationseffizienz und Risikoreduzierung ab und der ideelle Nutzen gewinnt für die aktuellen Mitarbeiter zunehmend an Bedeutung. Der ideelle Nutzen kann sich in dem sozialen Bedürfnis nach Zugehörigkeit äußern und impliziert damit eine hohe emotionale Bindung und Identifikation durch die geteilte Werthaltung mit dem Unternehmen. Durch die Identifikation mit dem Unternehmen und der Employer Brand erfolgt ein Teiltransfer der Markenpersönlichkeit auf die individuelle Persönlichkeit, was zur Folge eine Übernahme der Unternehmenscharakteristiken in das Selbstkonzept des Mitarbeiters hat."

Employer Branding hat jedoch auch psychologische Grenzen. Wer sich als Mitarbeiter vollkommen mit dem Unternehmen identifiziert, verliert Distanz und Kritikfähigkeit. Die Internalisierung von Unternehmenswerten der Employer Brand findet ihre Schranke in der singulären Persönlichkeitsstruktur der einzelnen Mitarbeiter. In einer Gesellschaft, die sich fortschreitend individualisiert und fragmentiert, stellt sich auch unternehmensseitig die Frage, welches Maß an Loyalität, Identifikation, Bindung – mithin: Selbstaufgabe – es von seinen Mitarbeitern sinnvollerweise einfordern kann und soll.

Soziologisch gesehen stehen Individuum und Organisation ohnehin in latentem und gelegentlich manifestem Widerspruch zueinander. Die Sozialisation des Einzelnen zielt auf Eigenständigkeit, Fähigkeit zu eigenem Werturteil, Unabhängigkeit und Freiheit. Die Ansprüche einer Organisation hingegen zielen naturgemäß nach Ein- und Unterordnung, Anpassung und Disziplin. Kurzum, eine Organisation fordert in hohem Maße funktionale Uniformität, der Einzelne jedoch beansprucht für sich innere Autonomie und Selbstgemäßheit. Dieser Grundkonflikt zwischen Unternehmen (Organisation) und Einzelnem kann zwar materiell kompensiert, aber niemals vollständig aufgelöst werden.

4.5 Corporate Identity

Unternehmen benötigen eine bewusst geschaffene, eigene Identität. Sie dient als Selbstvergewisserung nach innen, als Profilgebung und Wiedererkennbarkeit nach außen gegenüber Wettbewerb, Markt und gesellschaftlichem Umfeld. Die Identität eines Unternehmens und seiner Marken bezeichnet, formal gesehen, sowohl die Inhalte als auch die Grenzen. Identität benennt, wofür ein Unternehmen steht und einsteht. Sie bezeichnet damit implizit, wofür es gerade nicht steht. Jede Identität als abgrenzende inhaltliche Aussage schließt gewisse Potenziale und Möglichkeiten kategorisch aus.

Überdehnungen von Marken und Unternehmen können gelegentlich zu einer Erosion der Unternehmensidentität führen. Prominentes Beispiel der deutschen Wirtschaftsgeschichte sind die Strategiewechsel des Unternehmens Mercedes-Benz, welches zwischen 1990 und 2007 gleich mehrfach seine Kompetenzfelder ausweitete und wechselte – bloß, um sich im Ergebnis wieder auf die unternehmenseigene Kernkompetenz als innovationsstarker Automobilhersteller im Premiumsegment zu besinnen.

Eine ausgeprägte authentische Markenidentität steht für unverfälschte Eigenschaften und schafft vielfältige positive Anknüpfungsmöglichkeiten für sämtliche Anspruchsgruppen:

- **Wiedererkennbarkeit:** singuläre Erkennungselemente in Design, Technik und Produktionsverfahren (oftmals patentrechtlich abgesichert)
- **Abgrenzung gegenüber anderen Marktteilnehmern und Wettbewerbern:** unverwechselbarer Markenauftritt und starke Differenzierungsmerkmale; Einzigartigkeit in der inneren und äußeren Wahrnehmung:
- **Historizität und Originalität:** Tradition, Herkunft, Selbstempfinden

Eine starke Marke ist sich ihrer Herkunft sicher und strahlt diese Sicherheit auch gegenüber dem Markt aus. Auf diese Weise gelingt es, identitätsstiftende Aussagen nach innen und außen zu treffen. Corporate Identity erweist sich damit als wesentlicher Markenwert (Herbrand & Röhrig, 2006, S. 161):

> „Identitätsüberlegungen sind kein Selbstzweck. Sie dienen dazu, die Markeneigenschaften festzulegen und weiterzuentwickeln, die bei den relevanten Anspruchsgruppen aufgebaut werden sollen. Es geht darum, ein entsprechendes Markenwissen in den Köpfen der Anspruchsgruppen zu zementieren."

Corporate Identity als Ausdruck des Unternehmens als Marke ist ein Treiber des Unternehmenswertes. Hierin liegt enormes ökonomisches und finanzielles Potenzial für Unternehmen. Zu denken ist hier, als besonders plakatives Beispiel, an die Kommunikationskultur von Start-up-Unternehmen, die bei ihren Finanzierungsrunden um das Vertrauen von Investoren kämpfen. Die Corporate Identity ist also auch ein sehr starkes Signal an die Finanzmärkte und ihre Akteure.

Grundfragen der Selbstverortung einer Organisation finden ebenfalls Niederschlag in der Corporate Identity. Sie erfordern eine klare Sichtweise auf den Status quo („Wo stehen wir heute?") und auf den wünschenswerten zukünftigen Zustand („Wo wollen wir morgen stehen?") des Unternehmens. Dabei wird die Innenperspektive genauso berücksichtigt wie die Außensichtweise der externen Anspruchsgruppen.

Die Corporate Identity wird, je nach Branche und Anspruchsgruppe, stark unterschiedlich erlebt. Die Relevanz und Aussagefähigkeit eines Unternehmens und seiner Produkte gegenüber unterschiedlichen Anspruchsgruppen steht in enger Beziehung zum wirtschaftlichen und gesellschaftlichen Umfeld. Corporate Identity ist also niemals ein Wert an sich, sondern existiert nur in Bezug auf die Anspruchsgruppen des Unternehmens. Nur im Zusammenspiel aller ausschlaggebenden Faktoren (wirtschaftliche, soziale, ästhetische Aspekte) gelingt ein harmonischer, stimmiger und glaubwürdiger Gesamtauftritt eines Unternehmens.

4.5 Corporate Identity

Integraler Bestandteil von Corporate Identity ist das Identifizieren und Kommunizieren von Themen und Geschichten (sogenanntes „Storytelling"). Die Funktion dieser Erzählweisen ist es, die Unternehmensmarke anhand von prägnanten Ereignissen und Geschichten greifbar zu machen. Jede positive Erzählung stärkt das eigene Image – lokal und regional, national und international.

Corporate Identity eignet sich zudem als Instrument, um den gesellschaftlichen Legitimationsdruck auf das Unternehmen abzufedern. Vorherrschende Gesellschaftsthemen wie Globalisierung, Klimawandel, ökologische Auswirkungen des Konsums sowie die anhaltenden Nachhaltigkeitsdebatten prägen zunehmend auch die Unternehmenskommunikation. Unternehmen müssen sich zu diesen Themen glaubhaft positionieren. Dies kann durch die Integration von Werten in die Unternehmensidentität gelingen.

In all ihren Ausprägungen berücksichtigt die Corporate Identity die spezifische Herkunft, Tradition und Ambition eines Unternehmens (vgl. Schmitt & Simonson, 1998, S. 220):

- **Zeitliche Bezüge:** Vergangenheit, Gegenwart und Zukunft
- **Räumliche Ausprägung:** Stadt oder Land, national oder länderübergreifend
- **Technologische Aspekte:** Analog oder digital, Massenfertigung oder Manufaktur
- **Raffinement:** Schlicht oder elaboriert
- **Organisationsform:** Aktiengesellschaft, im Familien- oder Streubesitz, GmbH

Die Corporate Identity eines Unternehmens spiegelt implizit die Organisationsstruktur eines Unternehmens wider. Das unternehmerische Selbstverständnis und der Management Stil lassen sich oftmals bereits am Organigramm ablesen. Autoritär strukturierte Unternehmen neigen zu einer Ballung von Kompetenzen an der Spitze; tendenziell korporativ verfasste Unternehmen bevorzugen offenere Formen und teilen Verantwortung. Das Verständnis von Macht, Autorität und Umgang mit Mitarbeitern gehört zu den zentralen Themen der internen Kommunikation und Identität. Die Außensicht auf die Corporate Identity ist für den Unternehmenserfolg entscheidend. Die Akzeptanz und Popularität einer Marke liegt schließlich bei den externen Anspruchsgruppen (Mei-Pochtler, 2012, S. 56):

„Es geht nicht um vordergründig soziale Kampagnen, sondern um Authentizität und Inspiration. Konsumenten weltweit suchen Produkte, die nicht nur Identität und Verbindung in individuellen Bezugsgruppen ermöglichen, sondern die auch Inspiration und Sinn vermitteln."

Die bereits aus der klassischen Markenkommunikation bekannte Divergenz zwischen Selbstbild und Fremdbild findet sich auch bei der Corporate Identity wieder. Denn ähnlich wie Marken und Produkte hat auch das Unternehmen eine doppelte Identität. Was das Unternehmen nach innen darstellt – wie es sich selbst sieht –, und wie das Unternehmen von außen wahrgenommen wird. Beide Perspektiven wirken auf die Corporate Identity ein. Unternehmenskommunikation als Identitätsmanagement hat das Ziel, beide Betrachtungsweisen in einem positiven Wahrnehmungsfeld einander anzunähern. Völliger Gleichklang ist dabei niemals zu erreichen; die Divergenz zwischen Image und Realität bleibt auch bei der Corporate Identity bestehen.

Zusammenfassung Kap. 4
Nicht nur Produkte, sondern auch Unternehmen werden von der Öffentlichkeit als Marken wahrgenommen. Unternehmen repräsentieren als vielschichtige Organisationen Werte und Traditionen; ebenso verfügen sie über Besitztümer (Produktionsanlagen), Technologien und Patente. Unternehmen verweisen auf ihre singuläre Historie („Heritage") und ihre Innovationsfähigkeit.

Eine herausragende Rolle spielt dabei die Markentradition des Unternehmens. Produkthersteller mit langjähriger und vielfach erprobter Expertise genießen einen unschätzbaren Vorteil, nämlich das Vertrauen ihrer Kunden. Markentraditionen erstrecken sich oftmals über viele Jahrzehnte, selten reichen sie länger zurück als bis zu den Anfängen der industriellen Revolution. Besonders für Familienunternehmen spielt die Tradition eine wichtige Rolle, da sie untrennbar mit der eigenen Familiengeschichte verwoben ist. Doch auch Newcomer können rasch positive Reputation als „Disruptor" aufbauen. Aus Verbrauchersicht ist die Markentradition ein vertrauensbildender Wert, der Gewohnheit, Qualitätsversprechen und Erwartbarkeit zusammenführt. Traditionsmarken sind oftmals mit Kindheitserinnerungen verbunden und werden an die nächste Generation weitergegeben.

Wirtschaftsunternehmen sind eingebettet in gesellschaftliche Gesamtzusammenhänge und darauf angewiesen, sich permanent an diese anzupassen. Gesellschaftstrends und Wertewandel, etwa im Zusammenhang mit ökologischen Dauerkrisen, haben eine direkte Auswirkung auf die Kommunikation und das Geschäftsmodell eines Unternehmens. Nachhaltigkeit, Diversität und Gleichbehandlung der Geschlechter sind in diesem Sinne nichts anderes als gesellschaftlich und politisch induzierte Trends, auf die Unternehmen versuchen, möglichst marktkonform zu reagieren. Die Unternehmenskultur als Ausdruck internalisierter Werte ist nichts anderes als diese Spiegelung. Vor allen Dingen in der Personalpolitik schlägt sich diese Aneignung gesellschaftlicher Veränderungen nieder. Als Arbeitgebermarke bleibt das Unternehmen auf diese Weise attraktiv für potenzielle

Bewerberinnen und Bewerber. Ähnlich wie ein Markenprodukt repräsentiert auch die Organisation des Unternehmens verbindliche Werte, deren Einhaltung Vertrauen, Verbindung und mittelfristige Loyalität aufseiten der Mitarbeiterinnen und Mitarbeiter schafft. Dies wiederum wirkt sich positiv auf die Produktionsprozesse und die Innovationsfähigkeit des Unternehmens aus.

Die unmittelbare Wiedererkennbarkeit eines Unternehmens als Marke wird durch Symbolisierungen wie Logo, Schriftzug und Markenclaim deutlich. Die Corporate Identity eines Unternehmens umfasst jedoch mehr als zweidimensionale Visualisierungen. Sie beschreibt die singuläre Identität der Organisation, seine Historie, Tradition, Tätigkeitsfeld und Belegschaft. Die Corporate Identity einer Universität als akademische Einrichtung ist demnach eine völlig andere als die einer Reparaturwerkstatt, eines Seniorenheims oder eines Kindergartens. Je nach Anwendung der Produkte und Dienstleistungen, nationaler Prägung, Ausdehnung und Internationalisierungsgrad unterscheiden sich Unternehmen in ihrer jeweiligen Corporate Identity. Diese schafft zudem ein Differenzierungsprofil gegenüber Wettbewerbern.

Literatur

Barthes, R. (1964). *Mythen des Alltags*. Suhrkamp.
Beck, C. (2012). *Personalmarketing 2.0 – Vom Employer Branding zum Recruiting*. Luchterhand Wolters Kluwer.
Bittlingmaier, T., & Schelenz, B. (Hrsg.). (2015). *Employer Reputation. Das Konzept „Arbeitgebermarke" neu denken*. Haufe.
Blackrock. (2021). Where we stand. https://www.blackrock.com/corporate/literature/publication/where-we-stand.pdf. Zugegriffen: 23. Nov. 2023.
Bosch. (2021). Nachhaltigkeitsstrategie. https://www.bosch.com/de/unternehmen/nachhaltigkeit/umwelt/. Zugegriffen: 14. Okt. 2022.
Buß, E. (2006). Unternehmensgeschichte und Markenhistorie. Die heimlichen Erfolgsfaktoren des Markenmanagements. In N. O. Herbrand & S. Röhrig (Hrsg.), *Die Bedeutung der Tradition für die Markenkommunikation. Konzepte und Instrumente zur ganzheitlichen Ausschöpfung des Erfolgspotenzials Markenhistorie* (S. 197–212). Edition Neues Fachwissen.
Dru, J.-M. (2019). *Thank you for disrupting*. Wiley.
Esch, F.-R. (2012). Marke und Markendehnung. In F. Langenscheidt (Hrsg.), *Marke10. 10 Themen, 10 Experten, 10 Seiten* (S. 31–40). Deutsche Standards Editionen.
Esch, F.-R., & Brunner, C. (2006). Marken und ihre Wurzeln: Die Bedeutung der Historie für Marken. In N. O. Herbrand & S. Röhrig (Hrsg.), *Die Bedeutung der Tradition für die Markenkommunikation. Konzepte und Instrumente zur ganzheitlichen Ausschöpfung des Erfolgspotenzials Markenhistorie* (S. 153–179). Edition Neues Fachwissen.

Gehlen, A. (2016). *Moral und Hypermoral. Eine pluralistische Ethik.* Klostermann.

Herbrand, N. O., & Röhrig, S. (Hrsg.). (2006). *Die Bedeutung der Tradition für die Markenkommunikation. Konzepte und Instrumente zur ganzheitlichen Ausschöpfung des Erfolgspotenzials Markenhistorie.* Edition Neues Fachwissen.

Macharzina, K., & Wolf, J. (2023). *Unternehmensführung. Das internationale Managementwissen. Konzepte – Methoden – Praxis.* Springer Gabler.

Mei-Pochtler, A. (2012). Marke und Globalisierung. In F. Langenscheidt (Hrsg.), *Marke10* (S. 51–60). Deutsche Standards Editionen.

Noll, B. (2010). *Grundriss der Wirtschaftsethik. Von der Stammesmoral zur Ethik der Globalisierung.* Kohlhammer.

Schmitt, B., & Simonson, A. (1998). *Marketing-Ästhetik. Strategisches Management von Marken, Identity und Image.* Econ.

Watzke, M. (2020). Siemens und die Klimaziele. Aufsichtsratssitz für Fridays for Future? https://www.deutschlandfunk.de/siemens-und-die-klimaziele-aufsichtsratssitz-fuer-fridays-100.html.

Weber, M. (1972). *Wirtschaft und Gesellschaft.* Mohr Siebeck.

Wellner, R. (2014). *Employer Branding in der Zeitarbeit: Steigerung der Arbeitgeberattraktivität und Erhöhung des Mitarbeiter-Commitments.* Diplomica.

Marketing, Werbung und Markendesign

5

Zusammenfassung

Durch Kommunikation, Ästhetik und Design gewinnen Marken und Produkte Aufmerksamkeit und Marktrelevanz in den Augen ihrer Zielgruppen. Prägnanz und Wiedererkennbarkeit sind wesentliche Qualitäten, um in einem wettbewerbsorientierten Umfeld bestehen zu können. Auch im Zeitalter der Digitalisierung sind klassische Marketingansätze noch immer zielführend. Jede Marke strebt nach Differenzierung, oftmals auch nach Singularität – Design und Ästhetik (z. B. Markenlogo, Produktgestaltung, Typografie) spielen dabei eine Schlüsselrolle. Events und Produktinszenierungen machen Marken und ihre Angebote im dreidimensionalen Raum erlebbar; die Produktverpackung gibt den ultimativen Kaufimpuls. Public Relations verfolgen das langfristige Ziel einer positiven Reputation, die wiederum Markenakzeptanz und Konsumverhalten stützen. Affirmation ist, in übergeordnetem Sinne, das Ziel aller Kommunikationsmaßnahmen. Auch Marketing und Werbung sind Anwendungen empirisch-sozialwissenschaftlicher Erkenntnisse. Daher spielt die Marktforschung, verstanden als der Versuch, Markttendenzen transparent zu machen, eine zentrale Rolle bei der Konzeption und Planung von Kommunikationsmaßnahmen.

5.1 Marke und Produktdesign

Eine Marke ist nur so stark wie ihre einzelnen Produkte. Diese Produkte, erstellt in einem komplexen Produktionsprozess, unterliegen wiederum einer spezifischen Gestaltung von Formen, Proportionen, Farben und Materialien. Es sind künstlich erschaffene Objekte, die in ihrer jeweiligen Gestaltungsform vorliegen.

Jedes Produkt ist daher auch, vielleicht sogar in erster Linie, ein artifizielles Designobjekt. Markenunternehmen haben ein starkes ökonomisches Interesse an einem möglichst singulären Design ihrer Produkte. Der Wiederkennungswert eines Produktes ist untrennbar mit dessen Design verbunden. Markenprodukte sind in den Augen der Konsumenten eben nicht nur Gebrauchsgegenstände, sondern auch ästhetische Objekte, die ihren subjektiv empfundenen Wert aus ihrer Gestaltungsform erhalten. Im Karosseriedesign von Automobilen wird dies ebenso deutlich wie im Design von Küchenmöbeln, Bekleidung oder Accessoires. Das Design als gestaltete Form ist als Kaufanreiz mindestens ebenso wichtig wie die Materialeigenschaften und Leistungsfeatures der Produkte. Oftmals werden die Designer selbst zu einem eigenen, kaufrelevanten Qualitätsmerkmal der von ihnen gestalteten Produkte. Legendäre moderne Gestalter und Industriedesigner wie Battista Pininfarina, Alberto Alessi, Hartmut Esslinger und Bruno Sacco formten das Erscheinungsbild ganzer Produktkategorien. Die von ihnen erschaffene, prägnante Markenästhetik wurde selbst zu einem Kaufargument (Maak, 2023).

Design verleiht Produkten eine signifikante Erscheinungsform. Oftmals lassen sich Markenprodukte bereits an ihren Formen und Proportionen erkennen. Auch Markensymbole wie Logo, Typografie und Farbgebung sind überaus hilfreich für die Erschaffung von Differenzierungsmerkmalen. Während das *Produktdesign* in aller Regel dreidimensional im Raum wirkt und wesentliche Funktionsaspekte, wie zum Beispiel den täglichen Gebrauch des Produkts, erfüllen muss, ist das *Markendesign* als Instrument der Unternehmenskommunikation hauptsächlich zweidimensional.

Zum Markenauftritt des Unternehmens *(Corporate Design)* gehören typischerweise das Logo des Unternehmens, der typografisch gestaltete Unternehmensname, die Unternehmensfarben sowie eine definierte Bildwelt. Ziel aller Designmaßnahmen ist es, einen konsistenten, wiedererkennbaren und visuell durchsetzungsfähigen Markenauftritt für das Unternehmen und dessen Produkte zu schaffen und kontinuierlich aufrechtzuerhalten. Wie das Produkt ist auch die Marke ein völlig artifizielles Konstrukt.

Das Corporate Design eines Unternehmens (kurz: CD) setzt sich formal betrachtet aus wenigen Elementen zusammen:

- **Name:** Familienname der Unternehmensgründer (Patronym), Kunstwort, Wortkombination oder Akronym (Abkürzung), z. B. „Siemens", „Opel", „Viessmann", „Trumpf", „Gucci" (Familienname); „Evonik", „Zalando", „Accenture", „Stellaris" (Kunstwort); „Deutsche Bank", „Allianz Versicherung", „Hypovereinsbank" (Wortkombination); „BMW" (Bayrische Motoren Werke),

„FIAT" (Fabbrica Italiana Automobili Torino), „BBC" (British Broadcasting Corporation) und „BYD" (Build Your Dream) (Abkürzungen).
- **Logo:** Visuelles Wiedererkennungselement, welches im Regelfall in Verbindung mit dem Unternehmensnamen erscheint, bei hohem Bekanntheitsgrad der Marke aber auch singulär verwendet wird. Bekannte Beispiele sind der sogenannte „Nike-Swoosh", der Mercedes-Stern, das gelbe „M" von McDonald's oder auch die stilisierte Raubkatze des Sportartikelherstellers Puma.
- **Slogan:** Prägnante, zumeist sehr kurze und merkfähige Aussage über das Unternehmen, z. B. „Ich liebe es" (McDonald's), „Freude am Fahren (BMW), „Just do it" (Nike), „The only way is through" (Under Armour), „Beginnen Sie Ihre eigene Tradition" (Patek Philippe)
- **Farben:** Jedes Unternehmen verwendet in seiner Kommunikation ein definiertes Farbspektrum, welches zumeist zurückhaltend oder dezent, aber auch dominant und auffallend eingesetzt werden kann. Beispiel: der exzessive Einsatz der Farbe Magenta für das Unternehmen Deutsche Telekom. Der Schweizer Uhrenhersteller Rolex hingegen setzt auf die Farbe Grün.
- **Typografie:** Zumeist wird dem Betrachter nicht bewusst, dass auch die Typografie ein wirkungsvolles Differenzierungsmerkmal ist – jede Schrift ist artifiziell und singulär. Multinationale Marken benutzen daher oftmals Schrifttypen, die exklusiv für sie gestaltet wurden. „Daimler" ist eben nicht nur eine ehemalige Automarke (heute „Mercedes-Benz Group"), sondern bezeichnet auch die von Kurt Weidemann für das Unternehmen entworfene Hausschrift „Daimler Corporate".
- **Formen und Proportionen:** Für den visuellen Gesamteindruck der Markenkommunikation sind auch die verwendeten Formen, Hintergründe, Abstände und Proportionen ausschlaggebend. Dazu gehört auch die Definition einer Bildsprache (Verwendung von Fotografien und Illustrationen) und ihrer Tonalität (emotionale Anmutung).

Als *Wortmarke* wird ein Logo bezeichnet, welches lediglich den Schriftzug der Marke (ohne weitere Zeichen oder Symbole) abbildet. Hier spielt die Typografie eine zentrale Rolle. Prominente Beispiele einer Wortmarke sind „Coca-Cola", „Google", die Modemarke „Hugo Boss" oder der Sanitärhersteller „Viessmann".

Unter einer *Bildmarke* wird ein Zeichen verstanden, welches auch alleinstehend, ohne die Nennung des Markennamens, einem Unternehmen zugeordnet werden kann. Die wohl bekanntesten Beispiel hierfür dürften der Swoosh der Sportmarke „Nike" oder der stilisierte Apfel des Unternehmens „Apple" sein.

Wort-Bild-Marken sind kombinierte Zeichen, die den Namen der Marke zusammen mit dem Logo abbilden. Beispiele: Der Buchverlag „Klett-Cotta" verwendet den stilisierten Vogel Greif, ein mythologisches Wesen, als Firmenlogo. In den offiziellen Verlautbarungen der Bundesregierung erscheint diese stets in Kombination mit dem Bundesadler und den Nationalfarben Schwarz, Rot und Gold.

Logo und Markenname sind sicherlich die prägnantesten Erkennungszeichen einer Marke, aber eben nicht die einzigen. Der angestrebte visuelle Gesamteindruck des Unternehmens wird in einem *Corporate-Design-Handbuch* festgelegt. Dieses ist gewissermaßen die Gebrauchsanleitung zur Gestaltung eines stimmigen, differenzierenden und durchsetzungsfähigen Corporate Designs.

Multisensuelle Reize, etwa die auditive Wiedererkennung durch ein Soundlogo, gewinnen ebenfalls an Bedeutung. Am Point of Sale werden zudem oftmals Duftreize gesetzt, um potenzielle Käufer anzulocken und ihre Verweildauer im Shop oder in der Mall zu erhöhen (Underhill, 2009; Kastner & Vaih-Baur, 2010). All diese ästhetischen Impulse folgen einem klaren markenstrategischen Kalkül. Sie sollen über sinnliche Reize Aufmerksamkeit erwecken, singuläre Vorstellungsbilder erzeugen, Wiedererkennungswerte schaffen und damit letztlich Kaufentscheidungen lenken oder diese zumindest beeinflussen.

Die Digitalisierung und mit ihr die multiple Medialisierung von Markenbildern führt in der Gegenwart zu einer enormen Breite von Designanwendungen. Neben ästhetischen Fragen der Markenbildung treten nun verstärkt empirische Beobachtungen zur präferierten Mediennutzung der Anspruchsgruppen hinzu. Im digitalen Orbit, wo jeder Nutzer sein eigenes Medium repräsentiert, wird die strikte Einhaltung von Designvorgaben deutlich herausfordernder.

Das Bedürfnis von Organisationen, sich von ihresgleichen signifikant zu unterscheiden, ist deutlich älter als Industrialisierung, Marketing und Digitalisierung. Bereits in der Antike, bei den Wagenrennen in den römischen Arenen, wurden die einzelnen Wagenlenker durch monochrom gestaltete Fahnen sichtbar voneinander unterschieden. In der *politischen Arena* spielt die Farbgebung bis heute eine prominente Rolle. Die Farbe Rot wird traditionell mit Parteien links der politischen Mitte assoziiert, ökologische Gruppierungen bevorzugen die Farbe Grün, um Naturnähe zu signalisieren. In der Geschichte der politischen Bewegungen gab es zudem Schwarzhemden (Italien), Braunhemden (Deutschland und Österreich) und Blauhemden (Spanien, Nationalchina) – Beispiele der farblichen Zuordnung von ideologischen Formationen. Die rote Fahne als Symbol der Revolution ist ein weltweit verbreitetes Zeichen von ebenso hohem Wiedererkennungswert wie der Nike-Swoosh.

5.1 Marke und Produktdesign

Auch die heutigen Werbeslogans, semantischer Ausdruck der Markenidentität, stammen in ihrer Funktionalität ursprünglich aus der politischen Arena. Als eindrucksvolle Verdichtung eines politischen Programms hat das Motto der Französischen Revolution „Freiheit, Gleichheit, Brüderlichkeit" *(Liberté, Égalité, Fraternité)* die Zeiten überdauert und befindet sich noch heute an allen offiziellen Gebäuden des französischen Staates. „Keine Experimente" lautete 1957 der trockene Wahlslogan Konrad Adenauers und ist im deutschsprachigen Raum längst zum geflügelten Wort geworden.

Ein expressiver Slogan, in der Marketingpraxis auch „Claim" genannt, ist kurz, überraschend, zutreffend und zugleich assoziativ offen. Doch erst, wenn er mithilfe eines substanziellen Marketingbudgets eine gewisse Reichweite erzielt, erfüllt er sein Kommunikationspotenzial. Ob ein Slogan tatsächlich zur Positionierung einer Marke passt, bleibt eine Ermessensfrage. Viele namhafte Marken verzichten im Übrigen auf eine solche Festlegung, ohne deswegen einen Wettbewerbsnachteil zu erleiden.

Wie Unternehmen und Produkte setzen auch politische Parteien und Bewegungen auf die Macht des Designs, wenn es um Singularität, Wiedererkennung, Erinnerungsfähigkeit und Differenzierung gegenüber der Konkurrenz geht. Selbst Grassroots-Bewegungen wie „Fridays for Future", „Extinction Rebellion" oder die „letzte Generation" setzen auf die Kraft des Marketings. „Extinction Rebellion" benutzt als Logo eine stilisierte Sanduhr als Symbol der verrinnenden Zeit. Eine ähnliche symbolische Anwendung des Zeitbegriffs nutzt seit Jahrzehnten der Schweizer Uhrenhersteller „Longines", dessen Logo ebenfalls eine Sanduhr – allerdings eine geflügelte – zeigt. Diese Variante liegt in der Markenhistorie begründet: Bereits in den 1920er-Jahren stellte Longines kostspielige Fliegerchronografen her.

Obwohl die Entwicklung von Corporate Design, Produktdesign und Marketing in Unternehmen zumeist in getrennten Bereichen angesiedelt oder outgesourct worden ist, werden sie von Konsumenten und potenziellen Kundinnen und Kunden dennoch als Einheit wahrgenommen (Birkigt et al., 2000, S. 20):

> „Unternehmen werden als Ganzes wahrgenommen – weder die Botschaft noch das Design oder Verhalten können daher unabhängig voneinander entwickelt werden. Vielmehr ist es sehr wichtig, alle Bereiche kontinuierlich und parallel zueinander auf- und auszubauen, um so die empfindliche Balance zwischen diesen Bereichen aufrechtzuerhalten."

Im erweiterten Sinn gehören zum gelungenen Markenauftritt nicht nur das Design und dessen harmonische Gestaltungselemente, sondern auch das professionelle

Auftreten der Mitarbeiterinnen und Mitarbeiter. Dies gilt ganz besonders für serviceorientierte Unternehmen.

Eine Marke kann sich gegenüber gesellschaftlichen Phänomenen auf unterschiedliche Weise positionieren. Diese Positionierung wird als spezifisches Verhalten des Unternehmens wahrgenommen und von den Anspruchsgruppen entsprechend positiv oder negativ gewürdigt (vgl. Birkigt et al., 2000). Dieses sichtbare Verhalten, im Sinne einer Positionierung im Markt, wird als *Corporate Behaviour* bezeichnet. *Corporate Behaviour* klärt und definiert, wie sich ein Unternehmen und dessen Mitarbeiter gegenüber den externen Stakeholdern (Kunden, Lieferanten, Umfeld) verhalten:

- **Preisverhalten:** Niedrigpreis- oder Hochpreissegment
- **Vertriebsverhalten:** B-to-B oder B-to-C, eher direkt, aggressiv und kompetitiv oder eher zurückhaltend
- **Investitionsverhalten:** Erhaltungs-, Expansions- oder Rationalisierungskurs
- **Sozialverhalten:** Umgang mit Mitarbeitern und gesellschaftlichen Interessengruppen, sichtbare gesellschaftliche Verantwortung und Engagement *(Corporate Social Responsibility)*
- **Umweltverhalten:** Verantwortungsbewusstsein gegenüber Gesellschaft, Menschen und Natur; konkrete Aktivitäten diesbezüglich
- **Kulturverhalten:** Sponsoring, kulturelles Engagement, Stiftung, Unterstützung von Museen, Orchestern und anderen Kunst- und Kulturträgern

Zusammenfassend: Produktdesign und Corporate Design verleihen einem Unternehmen und seinen Produkten die notwendigen Alleinstellungsmerkmale, um sich im Wettbewerb um Aufmerksamkeit, Kundeninteresse und Marktrelevanz mittel- und langfristig zu behaupten. Sie sind ein Instrument, kein Selbstzweck, und sollten daher auch lediglich instrumentell angewendet werden.

5.2 Packaging und Point of Sale

Wer online oder im stationären Handel einkauft, erwirbt selten das Produkt ohne eine Form der Verpackung, und sei es auch nur die Tüte oder der Beutel des Ladengeschäftes (Ohle, 2012, S. 61):

„Was wären Marken ohne Verpackungen: eine weiße Creme, eine braune Flüssigkeit oder weiße Kügelchen? Wie kein anderes Medium prägt die Verpackung das Bild der Marke im Kopf und Herzen der Shopper, Käufer und Konsumenten. (…) Wenn

5.2 Packaging und Point of Sale

Verbraucher an Marken denken, haben sie häufig zuerst das Bild der Verpackung mit Markenlogo in Form und Farbe vor Augen, erst danach kommt der Inhalt, das eigentliche Produkt."

Der stärkste visuelle Reiz eines Markenproduktes ist häufig aufs Engste mit der Verpackung verbunden. Die Marke Nivea wird unzweideutig mit der Farbe Blau assoziiert, obgleich doch die Creme, also das Produkt selbst, eindeutig weiß ist. Die Farbe der Verpackung, in diesem Fall einer gefärbten Blechdose, ist für das Markenbild entscheidend, nicht die Farbe des Produktes selbst. Der Packaging-Experte Frank Ohle schreibt (Ohle, 2012, S. 61):

„Hinzu kommt, dass die Verpackungen in vielen Fällen der erste Kontaktpunkt mit dem potenziellen Käufer ist – egal ob im Supermarkt, Feinkostladen, beim Discounter, in den Kaufhäusern, im Bau- oder Heimtiermarkt, in der Apotheke oder im Onlineshop."

Optik, Haptik und ästhetische Anmutung sind entscheidend für den ersten, zumeist kaufentscheidenden Eindruck (Ohle, 2012, S. 62): „Verpackungen sind die Botschafter der Marken." Gerade, wenn es um Alltagsprodukte (*Fast Moving Consumer Goods* oder kurz *FMCG*) geht, fällt die Kaufentscheidung direkt am Point of Sale (Underhill, 2009). Die Verpackung, nicht das Produkt, gibt den letzten, kaufentscheidenden Impuls (Reinartz & Käuferle, 2014, S. 123):

„Der Shopper wird in seiner Kaufentscheidung von zahlreichen situativen Variablen am POS (,Point of Sale') beeinflusst, wie z. B. von Informationen aus der Umwelt oder eigenen Gedanken und Gefühlen, die sich erst während des Einkaufsvorgangs ergeben. Somit können Kaufentscheidungen als dynamische Prozesse verstanden werden, die von situativen Variablen bestimmt werden."

Die Kommunikation am Point of Sale (auch: Point of Purchase) ist also darauf ausgerichtet, die situativen Variablen im Interesse er jeweiligen Marke zu beeinflussen. Dabei konkurrieren Marken direkt miteinander. Nirgendwo ist die Dichte einander sich ausschließender Warenangebote größer als in den Regalen der Supermärkte und des Einzelhandels.

Zwei unterschiedliche wirtschaftliche Logiken stoßen im Einzelhandel aufeinander. Während es im Interesse des Einzelhandels liegt, eine möglichst große Markenvielfalt zu bieten, um attraktiv für die Kundinnen und Kunden zu sein, liegt es im Interesse der einzelnen Marken, als singulär wahrgenommen zu werden. Jede Marke möchte sich im Wettbewerb mit anderen Marken als die präferierte durchsetzen. Bei der Kommunikation am Point of Sale führt dies zu einer Strategie der Wiedererkennung durch das Mittel der Produktverpackung. Die Verpackung bietet eine Vielzahl an Möglichkeiten, zentrale Elemente der Markenkommunikation in maximal verdichteter Form abzubilden. Für die Markenkommunikation bedeutet dies, dass alle wesentlichen Wiedererkennungs- und Designelemente der Marke auch auf der Verpackung deutlich sichtbar sein sollten: Markenname, Logo, Farbwelt, Typografie etc. erscheinen hier, oftmals in gedrängter, Form. Genau dies ist auch der Grund für den Eindruck einer gewissen Informationsüberladung auf der Verpackung. Produkt und Verpackung werden im Alltag „als Einheit wahrgenommen und auch als solche erlebt". Am Point of Sale „wird diese Korrelation am stärksten erinnert – mehr als der Preis und die Werbung" (Ohle, 2012, S. 63).

Die Verpackung als Medium der Marken- und Produktkommunikation wird oftmals unterschätzt, dabei ist das Packaging der unmittelbare und letzte Impuls vor der realen (nicht hypothetischen) Kaufentscheidung der Konsumenten. Anders gesagt: Die Verpackung ist bezüglich der Frage des Kaufes oder Nichtkaufes eines Produkts das Zünglein an der Waage – und kann daher als Bedeutungsträger gar nicht überschätzt werden. Verpackungsdesign verlangt großes technisches, psychologisches und Marketing-Know-how. Entsprechend gibt es weltweit etliche Designagenturen, die ausschließlich auf Packaging spezialisiert sind.

Eine Sonderform des Packagings ist die Gestaltung von Buchcovern. Diese müssen so vielversprechend gestaltet sein, dass sie den interessierten Leser beim Umblättern gleich in den Text hineinführen. Eine zentrale Funktion des Packagings ist es gerade, ein starkes Produktversprechen unmissverständlich zu kommunizieren – aus Sicht des Konsumierenden ein ausschlaggebender Impuls unmittelbar vor der Kaufentscheidung. Die Verpackung eines Produktes bestätigt und ergänzt Kommunikationsimpulse und Produktversprechen, die kontinuierlich durch andere Medien erfolgen (Ohle, 2012, S. 64):

„Die Verpackung stellt als Touchpoint der Marke mit dem Shopper ein Leistungsversprechen dar, das zu Positionierung und Produktpreis passen muss. Das Produkt muss halten, was die Verpackung verspricht – und umgekehrt."

Die Produktverpackung erfüllt jedoch nicht allein eine Kommunikationsfunktion. Technische Aspekte wie Schutz, Sicherheit und Stabilität der verpackten Ware sind ebenfalls zu berücksichtigen. Hinzu kommt die Erfüllung gesetzlicher und hygienischer Vorgaben, insbesondere bei Lebensmitteln (Ohle, 2012, S. 66).

Die Verpackung erfüllt im Übrigen auch eine wichtige *rituelle* Funktion. Sie verbirgt das Objekt und sorgt daher beim Auspacken für eine Überraschung. Der

5.2 Packaging und Point of Sale

Ursprung der Verpackung liegt nicht in der industriellen Fertigung von Markenprodukten, sondern – wesentlich archaischer – in der Umhüllung eines Geschenks als Gabe (Mauss, 2019). Das in seiner Verpackung verborgene Objekt wird zu einem Gegenstand der Enthüllung. Wir alle kennen dieses Gefühl der freudigen Überraschung, wenn wir ein Objekt, oftmals ein Geschenk, aus der Verpackung nehmen. Verpackungen erinnern, selbst in ihrer nüchternen Funktionalität, an diese tiefe anthropologische Prägung.

Werbung, Produktkommunikation und Marketing können als Maßnahmen verstanden werden, die den Kauf eines Produktes initiieren, vorbereiten und begleiten. Der *Ort der Entscheidung* jedoch ist das Ladengeschäft des Einzelhandels, das Kaufhaus oder, im virtuellen Raum, der Onlineshop. Durch das Zusammenspiel von persönlicher Präsenz und erlebbarer Marken- und Produktvielfalt hat der stationäre Einzelhandel auch kommunikative Vorteile (Underhill, 2009, S. 64, Übers. d. Verf.):

„Die Wirkung (…) klassischer Werbung ist heutzutage zweifelhaft, weil wir zu viel von ihr aufnehmen. Die Rolle von Ladengeschäften war niemals größer. Über den Erfolg und Misserfolg von Produkten wird heute in den Verkaufsräumen der Ladengeschäfte entschieden. Jede Chance, den Käufern etwas Wissenswertes mitzuteilen, muss dort genutzt werden."

Denn der Point of Sale ist genau dadurch charakterisiert, dass hier ganz unmittelbar und ohne Zwischenschaltung einer weiteren Kommunikationsinstanz die finale Kaufentscheidung fällt (Underhill, 2009, S. 219, Übers. d. Verf.):

„Der Einzelhandel bemerkte, dass die Kunden in einem immer stärkeren Ausmaß ihre Kaufentscheidung im Ladengeschäft selbst trafen. (…) Umfragen ergaben zudem, dass mehr als die Hälfte aller Supermarkteinkäufe ungeplant erfolgte."

Ein Großteil der Einkäufe erfolgt also spontan und hängt entscheidend von der Warenpräsentation ab. Die heutigen Ladengeschäfte in Innenstadtlage konkurrieren nicht nur miteinander, sondern auch mit der übermächtig werdenden Konkurrenz der Onlineshops. Was Auswahl und Quantität betrifft, ist der Einzelhandel im direkten Vergleich mit dem digitalen Orbit schon längst nicht mehr konkurrenzfähig. Allerdings punkten Ladengeschäfte durch eine geschickte Warenpräsentation, Kompetenz und Service.

Nur der Point of Sale bietet ein multisensorisches Markenerlebnis im dreidimensionalen Raum (Vaih-Baur & Kastner, 2010). Multimediale Möglichkeiten und der Einsatz von VR-Tools können ebenfalls das Verkaufspotenzial steigern.

In den Ladengeschäften und Onlineshops werden zudem ganz unmissverständlich der einzige Zweck und das ultimative Ziel aller Anstrengungen der Markenkommunikation deutlich. Zuletzt läuft es auf die Alternative Kauf oder Nichtkauf hinaus. Eine dritte Möglichkeit ist nicht gegeben. Gerade weil sich am Point of Sale die Kaufentscheidung zuspitzt, ist hier jeder Impuls wichtig und womöglich ausschlaggebend. Faktoren, die es unbedingt zu beachten gilt, sind (vgl. Underhill, 2004):

- **Warenpräsentation:** Ansprechend, aber nicht überladen; sichtbar, aber nicht aufdringlich; aufgeräumt, aber nicht steril; hell, aber nicht blendend
- **Freundlichkeit des Personals:** Im Idealfall zurückhaltend und diskret, zugleich jedoch zugewandt und präsent; Personal, welches keine Zeit hat oder seine Launen an potenziellen Käufern auslässt, ist Verkaufserfolgen eher hinderlich
- **Kompetenz des Personals:** Sicher in Auftreten und – bei Bedarf – Befähigung zur persönlichen Beratung

Die persönliche Einkaufserfahrung lehrt: es ist gar nicht so leicht, ja vielleicht sogar unmöglich, all diese Faktoren zu erfüllen!

5.3 Werbung und Marken-PR

In saturierten Märkten, geprägt von einem Überangebot an Waren für Konsumenten, die bereits viel zu viel besitzen, ist professionelle Markenkommunikation unabdingbar, um Interesse im Markt, bei Kundinnen und Kunden zu initiieren. Werbung und Public Relations, in relevanten Medien und mit adäquaten Botschaften, sind also schlichtweg eine Notwendigkeit für Unternehmen. Die Auswahl der Kommunikationskanäle und -formen (Social Media, Plakate, Anzeigen etc.) sowie die Definition der Botschaften und (Kauf)Argumente sind vollständig vom Mediennutzungsverhalten und von den Einstellungen der potenziellen Kunden und Interessenten abhängig. Die Produkte eines Unternehmens sind zwar als Objekte schon vorhanden, doch erst in Bezug auf potenzielle Marktteilnehmer und Anspruchsgruppen erfüllen sie ihren ökonomischen Zweck.

Um ein Bild zu gebrauchen: Zielgerichtete Kommunikation ist eine Brücke, die vom Unternehmen zu den unterschiedlichen Interessenten führt – und von diesen wieder zurück zum Unternehmen. Wie jeder Brückenbau muss auch diese Verbindung stabil, strukturiert, geordnet und zielgerichtet sein. Die Reise über die Brücke sollte sich zudem lohnen, es muss überzeugende Gründe geben, sie

5.3 Werbung und Marken-PR

zu überqueren. Genau diese Motivationen und Gründe, Angebote und Richtungshinweise, werden von Werbung und Public Relations (PR) entwickelt, ästhetisch überhöht oder entfremdet, um schließlich über ein adäquates Medium an die definierten Zielgruppen kommuniziert zu werden. Dabei ist die Kommunikation auch einigen Gefährdungen ausgesetzt, denn nicht immer erreichen Werbung und Public Relations das intendierte Resultat. Reizüberflutung, Übersättigung, soziale Polarisation sowie die in der Mittelklasse verbreiteten Zweifel an der Sinnhaftigkeit eines konsumorientierten Lifestyles dämpfen ein wenig die hedonistische Nachfrage.

Die Werbung, verstanden als ein verkaufsfördernder Maßnahmenkatalog, ist auf das Engste mit individuellen und kollektiven Konsumbedürfnissen verbunden. Ohne diese internalisierten Bedürfnisse bliebe auch die Werbung vollkommen wirkungslos. Dies ist eine Begleiterscheinung des industriellen Massenzeitalters, fungiert die Werbung doch als permanente Stimulation der verbraucherseitigen Nachfrage. Konsum gebiert stets mehr Konsum und ist in diesem Sinne wahrhaft unstillbar. Während die Werbung ästhetisierte und emotionalisierte Imagewelten um Produkte erschafft, die aus Sicht der Rezipienten zugleich als Kaufargument dienen, arbeitet die Public Relations mit eher rational und empirisch angelegten Maßnahmen an der Reputation des jeweiligen Unternehmens. Sowohl Werbung als auch Public Relations erschaffen keine materiellen Güter, sondern bauen Beziehungen auf, die primär einem ökonomischen Kalkül folgen, dieses jedoch stets verschleiern.

Auch Kommunikation ist kompetitiv. Werbung pflegt ein affirmatives Verhältnis zu Wettbewerb, Status und Distinktion. Der Konkurrenzkampf um die Gunst der Verbraucherinnen und Verbraucher ist im Kern unerbittlich. Die Entscheidung zugunsten eines Produktes fällt wesensmäßig zuungunsten aller anderen Angebote aus. Genau dieser Aspekt des gegenseitigen Ausschlusses von Marken und ihren Produkten verleiht der werblichen Markenkommunikation eine gewisse Härte. Sie verlangt ein hohes Maß an strategischer, taktischer und operativer Disziplin.

Der *unmittelbare* Erfolg der Werbung lässt sich evaluieren und quantifizieren. Klickzahlen, Markenbekanntheit *(Awareness)* und nicht zuletzt das Erreichen oder Verfehlen von zuvor festgelegten Verkaufszahlen sind Parameter, die sich messen lassen können. Aber auch *mittelbar* trägt die Werbung zu einer starken Marktposition der Marke und ihrer Produkte bei. Werbung evoziert positive Markenbilder und Assoziationen, die sich im Bewusstsein der Rezipienten zu einer identifizierbaren Markenpräferenz verdichten. So wird, nur als Beispiel, aus dem diffusen Bedürfnis nach einem neuen Paar Sneakers der konkrete Wunsch nach dem neuen *Jordan Max Aura 4* von Nike.

Werbung lenkt Konsumentenbedürfnisse auf konkrete Marken und Produkte. Dabei befriedigt sie nicht nur vorhandene Bedürfnisse, sondern schafft zugleich neue Begehrlichkeiten. Dies hat nicht zuletzt auch soziopsychologische Gründe. Einer der stärksten Treiber des Konsums, zumal in saturierten Märkten, ist das Distinktionsbedürfnis der Konsumierenden. Der Erwerb von Markenprodukten verleiht, über die unmittelbare Nutzung hinaus, Prestige, Status und eine sichtbare soziale Position. Marken sind in diesem Sinne nichts anderes als soziale Codierungen, die – je nach Bekanntheit und Verbreitungsgrad – vom jeweiligen sozialen Umfeld mehr oder weniger gut entschlüsselt und zugeordnet werden können. Markenprodukte verleihen ihren Konsumenten den erwünschten symbolischen Status, der sich auch in Form ihrer sozialen Selbstpositionierung und -stilisierung auszahlt. Werbung und Markenkommunikation sorgen dafür, dass die sozialen Codierungen eines Produktes oder eines Unternehmens möglichst direkt verstanden, zugeordnet und nachvollzogen werden können. Je höher die Bekanntheit einer Marke ist, desto eher gelingt dieses Spiel zwischen werblicher Kommunikation und sozioökonomischen Konventionen.

Für Erfolg, Positionierung und Marktrelevanz von Unternehmen, Marken und Produkten ist kontinuierliche und zielgerichtete Werbung schlechthin unabdingbar. Werbung verleiht Produkten eine Persönlichkeit, verbindet individuelle Emotionen mit Massenprodukten und lenkt bildhafte Assoziationen auf ansonsten seelenlose Objekte. Markenkommunikation erhöht also den *immateriellen Wert einer Marke,* indem sie objektive, quantifizierbare Kennziffern ebenso wie subjektive Faktoren beeinflusst:

- **Quantifizierbare Erfolgsfaktoren der Werbung:** z. B. Markenbekanntheit, Wiedererkennung, Zuordnung, Kaufentscheidung
- **Subjektive Erfolgsfaktoren der Werbung:** z. B. Assoziationen, Emotionen, Bildwelten, repräsentierte Werte, Sympathie und Affinität

Die Vorstellungen, Erinnerungen und Emotionen im Bewusstsein aller Anspruchsgruppen – vom Großinvestor bis zum Gelegenheitskäufer – sind insgesamt ausschlaggebend für den Erfolg einer Marke. Auch der Schlüssel zu den Zukunftsmärkten liegt in der Kommunikation. Von enormer Bedeutung ist dabei auch die richtige Wahl des Kommunikationsmediums. Hier sollten sich Unternehmen zwingend an die Kommunikationsgewohnheiten ihrer jeweiligen Anspruchsgruppen richten. Der bekannte Agenturchef Jean-Rémy von Matt (von Matt, 2023) bemerkt, der

5.3 Werbung und Marken-PR

„Schlüssel, um wahrgenommen zu werden, ist nach wie vor, dass Kommunikation entweder einen rationalen oder emotionalen Mehrwert bieten muss. Im Idealfall schafft sie beides."

Markenwerbung verfolgt tendenziell kurz- bis mittelfristige Ziele, die oftmals in Zusammenhang mit den Umsatzzahlen stehen. Werbung ist seit jeher eine umsatzfördernde Maßnahme, die sich entsprechend an monetären Parametern messen lassen muss. Darüber hinaus ist es Aufgabe der Markenwerbung, ein differenzierendes *Image* aufzubauen und zu pflegen, welches die Marke und ihre Produkte von konkurrierenden Angeboten signifikant unterscheidet. Auch diese Form der Kommunikation dient der Sicherung von Absatzmärkten.

Public Relations hingegen verfolgt eine andere Intention. Das Ziel ist die Stärkung der *Unternehmensreputation* bei ihren relevanten Anspruchsgruppen, seien es Mitarbeiter, Investoren, politische Entscheider, Lieferanten, Multiplikatoren oder die Öffentlichkeit. Sie alle haben gegenüber einem Unternehmen Erwartungen und Ansprüche. Public Relations ist also im Kern das *interessengeleitete Management* dieser unterschiedlichen Ansprüche mit den Mitteln der Kommunikation.

Unternehmensreputation bezeichnet den Ruf, welchen ein Unternehmen bei seinen Anspruchsgruppen genießt. Die Reputation beruht letztlich auf einem Vertrauensverhältnis, welches gepflegt und aufrechterhalten werden muss, damit das Unternehmen über sinnvolle Beziehungen nach innen und außen verfügen und diese nutzen kann. Diese Beziehungen wiederum sind durch die Erwartungen der Anspruchsgruppen (Stakeholder) geprägt. Typischerweise können diese unterschiedlichen Ansprüche und Erwartungen folgendermaßen zugeordnet werden:

- **Mitarbeitende:** Entlohnung, Arbeitsplatzsicherheit, Ausstattung, Arbeitsklima, Flexibilität des Unternehmens hinsichtlich Arbeitszeiten und Arbeitsort (z. B. Homeoffice)
- **Banken und Investoren:** Absicherung der Kredite bzw. des Investments, Transparenz und Berechenbarkeit, vertretbare Geschäftsrisiken, kompetentes Management
- **Politische Entscheider:** Rolle des Unternehmens als Arbeitgeber, Innovations- und Zukunftsfähigkeit
- **Lieferanten:** Partnerschaft, Vertragssicherheit, Konditionen
- **Multiplikatoren (in erster Linie Journalisten, aber auch Blogger und Influencer):** Attraktive Narrative, Transparenz, Glaubwürdigkeit, Faktizität

- **Öffentlichkeit:** Umweltverträglichkeit, soziales Engagement, Zuverlässigkeit, Sicherheit, Wertekohärenz

Jedes Unternehmen ist auf die Akzeptanz, im besten Falle die Unterstützung, seiner wesentlichen Anspruchsgruppen angewiesen. Public Relations klassifiziert diese Anspruchsgruppen und findet für sie die jeweils angemessenen Argumentationsformen.

Eine besondere Rolle spielt dabei das Verhältnis zwischen Public Relations und der Presse. Während die Kommunikatoren des Unternehmens ein starkes Interesse daran haben, mit positiven Themen und Neuigkeiten in Verbindung gebracht zu werden, sind Journalistinnen und Journalisten schon aus berufsethischen Gründen allein dem Interesse der Rezipienten verpflichtet. Faktizität und Aufklärung, gerade auch bei kritischen Aspekten, ist das Berufsideal jedes professionellen Journalisten. Gelegentlich steht diese Haltung – und die aus ihr abgeleiteten Publikationen – im Widerspruch zu den Intentionen und Interessen eines Unternehmens.

Dieser Antagonismus ist beiden Seiten wohlvertraut; und beide Seiten können professionell mit dieser Divergenz umgehen. Tatsächlich sind beide Seiten – die Medien und die Unternehmen – aufeinander angewiesen. Die Medienvertreter benötigen Unternehmen und deren Sprecherinnen und Sprecher, um nachrichtenrelevante Informationen zu erhalten, bisweilen sogar exklusiv. Die Unternehmen wiederum benötigen die Journalistinnen und Journalisten als Multiplikatoren von Informationen, die möglichst rasch in möglichst großer Breite die Öffentlichkeit erreichen sollen. Diese Informationen umfassen beispielsweise:

- **Produkt- und Markenneuheiten:** Innovationen, technologische Entwicklungen, Produktlaunches etc.
- **Personalfragen:** Personalien im Topmanagement, aber auch auf anderen Positionen; generell auch Fragen zum Personalstand, zu Einstellungen und Entlassungen
- **Veröffentlichungen zur Geschäftslage:** Insbesondere börsennotierte Unternehmen unterliegen der Veröffentlichungspflicht finanzmarktrelevanter Entwicklungen und Entscheidungen
- **Marktentwicklungen und Globalisierung:** Expansion in neue Märkte, Internationalisierungsgrad
- **Ökologische Aspekte der Unternehmenstätigkeit:** Investitionen in ökologische Produktionsverfahren, Fragen der Klimaneutralität, Emissionsreduktion, Nachhaltigkeit etc.

- **Soziale Aspekte der Unternehmenstätigkeit:** Stiftungen, Beiträge zum Gemeinwohl, Spendentätigkeit, Projekte der Corporate Social Responsibility (CSR)

Public Relations bereitet die unterschiedlichen Themenfelder entsprechend auf, um sie für Journalisten und potenzielle Rezipienten möglichst fassbar und lesenswert zu gestalten. Oberstes Ziel dieser medialisierten Informationsvermittlung ist die Stärkung der Reputation des Unternehmens.

Zur Platzierung unternehmensrelevanter Informationen in den Medien nutzen Public Relations auch sogenannte Hybridformate der Kommunikation. Damit sind Formate gemeint, die zwar journalistisch aufbereitet sind, inhaltlich jedoch den Intentionen des Unternehmens dienen, indem dieses die Kontrolle über die bereitgestellten Informationen behält. Klassische Beispiel dieses Formates sind Interviews, Advertorials und Native Advertising.

Die interviewte Person gibt nur diejenigen Informationen preis, die sie der Öffentlichkeit mitteilen möchte. Ebenfalls steht es ihr frei, weitere unternehmensrelevante Informationen zu benennen. Zudem kann sich die interviewte Person ausbedingen, die Inhalte des Gesprächs vor der Veröffentlichung zu autorisieren. Kurzum, das Interview ist ein ideales Vehikel der inszenierten Unternehmenskommunikation.

Für die Leserinnen und Leser liest sich das Interview ganz anders – sie nehmen den offenen Dialog zwischen kritischen Journalisten und Interviewten wahr. Beide Akteure in der Arena der Medien verfolgen dabei ihr eigenes Kalkül.

5.4 Marke und Events

Gerade unter dem Vorzeichen der Digitalisierung gewinnt die physische Erlebbarkeit von Marken neue Bedeutung. Diese Entwicklung ist paradox, denn je mehr Zeit die Menschen vor digitalen Endgeräten verbringen und ihre individuellen Einkaufsrituale zunehmend per App steuern, desto größer wird zugleich das Bedürfnis nach der physischen Erlebbarkeit von Marken und Dienstleistungen. Der traditionelle Point of Sale – der stationäre Handel (Underhill, 2009) – erlebt zumindest bei der sogenannten Generation Z *(Gen Z)* – der Alterskohorte der zwischen 1997 und 2012 Geborenen – eine überraschende Renaissance. Dieser Trend lässt sich in den Vereinigten Staaten und im gesamten angelsächsischen Raum beobachten (Lembke, 2024):

„Die Shopping Mall ist doch nicht tot. Das hat sie ausgerechnet den Digital Natives zu verdanken. Deren Affinität ist weniger überraschend, als sie vielleicht auf den ersten Blick erscheint."

Junge Zielgruppen entdecken die Shopping Malls als Ort der Freizeit, des Konsums der sozialen Kontakte und der Unterhaltung. Innenstädte sind die Kulissen der konsumorientierten Freizeitgestaltung. Malls und Passagen bieten hierfür den geeigneten Rahmen mit ihrem Angebot an Waren, Gastronomie und Unterhaltung. Zum Markenerlebnis am Point of Sale gehört ebenfalls das Beobachten (und Kommentieren) der anderen – eine sozialpsychologisch motivierte Betätigung, die sich nur in einer Live-Situation intensiv ausleben lässt.

Für alle, die nicht auf die Auslieferung der Ware durch einen Internetanbieter warten möchten oder können, ist der Einzelhandel die bessere Alternative. Was dort in den Regalen steht oder auf Bügeln hängt, kann sofort, *here and now*, gekauft und konsumiert werden. Die instantane Bedürfnisbefriedigung, die durch Online-Anbieter forciert wurde und wird, ist zuletzt auch ein Vorteil für den Einzelhandel und seine Formen der Wareninszenierung (Lembke, 2024).

Markenunternehmen achten durch singuläre Shopkonzepte ganz genau auf die adäquate Inszenierung der eigenen Produkte. Dazu gehören die Innenarchitektur und das Branding ebenso wie die Auswahl und Schulung der Mitarbeiterinnen und Mitarbeiter. Tatsächlich lässt sich jeder Einkauf als ein positives Live-Erlebnis dramatisieren, etwa durch freundliches und kompetentes Servicepersonal, eine ansprechende Warenpräsentation und eine ästhetische Rahmengestaltung. Musik, Licht und olfaktorische Reize sind ebenfalls Teil der Markeninszenierung. Die großzügig gestalteten Apple-Stores, bevorzugt mit viel Licht, hoher Raumdecke und viel Platz für die Präsentation der Produkte, haben nicht von ungefähr eine sakrale Anmutung.

Der Point of Sale hat hohe Potenziale zur Rückgewinnung von erlebnisorientierten Konsumentinnen und Konsumenten. Bummeln, Auswahl und Beratung können – bei entsprechend professioneller Moderation und Inszenierung – zu einem positiven Markenerlebnis verdichtet werden.

Marken-Events im engeren Sinne sind Produkt- und Warenpräsentationen im Rahmen einer Live-Inszenierung. Dies können Verbraucher- und Fachmessen sein, exklusive Events (z. B. Modeschauen) oder Branchentreffen. Besonders umsatzstarke Kunden erhalten zudem exklusiven Zugang zu Produkten, Services und Veranstaltungen. Oftmals sind Produkt- und Markeninszenierungen zeitlich und räumlich innerhalb eines größeren Massenereignisses eingebunden, etwa innerhalb eines Konzertes, einer Konferenz oder einer Sportveranstaltung.

5.4 Marke und Events

Erlebnisorientierte Markeninszenierungen können auch mobil gestaltet sein, etwa in Form einer Road Show. Das prominenteste Beispiel hierfür dürften die sogenannten Coca-Cola-Trucks sein, die in der Vorweihnachtszeit unterwegs sind. Mittlerweile gibt es sogar schon Coca-Cola-Züge. Das Markenerlebnis während eines inszenierten (mobilen oder stationären) Events ist deutlich intensiver, langanhaltender und multisensueller als jeder andere Marketing-Impuls. Darin liegt die besondere Stärke eines Events. Allerdings wird die Marke dadurch auch extrem exponiert; Pannen oder missglückte Teilaspekte eines Events bleiben tiefer in Erinnerung, da auch sie intensiv erlebt werden (Bischof, 2008, S. 78):

> „Ein Event kann viel intensiver in das Bewusstsein eindringen als jede Form der klassischen Werbung. Das birgt Chance und Gefahr zugleich, denn die emotionale Aussage bleibt nachhaltiger bestehen – im Positiven wie auch im Negativen (…)."

Der Eventcharakter von Marken bedient sich bewährter Muster aus der Welt der darstellenden Künste – des Theaters und der Oper. Jedes Event ist eine Dramatisierung und strebt einem Höhepunkt zu. Hauptdarsteller ist und bleibt die Marke mit ihren Produkten und Services. Die Zuschauerinnen und Zuschauer sollen beeindruckt und überwältigt, zumindest jedoch animiert werden. Jede Markeninszenierung dient daher nicht allein dem Markenimage, sondern zuletzt immer auch dem Abverkauf.

Durch Events kann es Marken gelingen, für ihre Produkte eine eigene auratische Erlebniswelt zu erschaffen, deren Exklusivität sich als zusätzlicher Kaufanreiz offenbart. Markenevents wirken dabei notwendig exkludierend – nicht alle sollen, können und dürfen dazugehören und live dabei sein.

Den egalitären Tendenzen des Internets *(anytime, anywhere, anybody)* setzen Markenevents räumlich, zeitlich und sozial eine exklusive Tendenz entgegen. Es können gerade nicht alle daran teilnehmen, sondern nur die eingeladenen Gäste. Dies verleiht dem Event eine zusätzliche Wertigkeit. Diese wird zudem durch die Wahl einer angemessenen Location betont.

Events machen Marken auf sinnliche Weise erlebbar. Sie segmentieren die Anspruchsgruppen und setzen den Nivellierungstendenzen des Internets eine erlebnisorientierte Exklusivität entgegen. Die größten ökonomischen Potenziale der Markeninszenierung befinden sich am Point of Sale. Auch wenn die Bestellung per App wesentlich komfortabler ist, bieten Events einen Vorteil, den keine andere Marketingmaßnahme in dieser Intensität aufweist: starke Emotionen.

5.5 Zur Rolle der Marktforschung

Markenkommunikation und Markenführung sind – wissenschaftlich gesehen – anwendungsorientierte Praktiken der Sozialforschung. Ihr Erfolg beruht auf sozioökonomischer und sozialpsychologischer Evidenz. Nur wenn Produkte Akzeptanz im Markt finden, können sie sich durchsetzen und langfristig erfolgreich sein.

- Was sind die Motive hinter den Kaufhandlungen?
- Welches ist der psychologische Nutzen von Produkten, die keinerlei praktische Funktion besitzen?
- Welche ästhetischen Maßstäbe lassen sich im Markt durchsetzen?
- Welches Design ist marktgängig?
- Auf welche Idiosynkrasien der Verbraucher muss besonders Rücksicht genommen werden?
- Welches Produkt, welche Zutat, welche Innovation trifft den Geschmack und die Bedürfnisse der Konsumenten?
- Wer sind überhaupt die wichtigsten Anspruchsgruppen eines Unternehmens?

Auf all diese und ähnlich gelagerte Fragen gibt es nur empirisch belegbare Antworten. Man muss die Marktteilnehmer befragen, um zu erfahren, worin die Gründe ihres spezifischen Kaufverhaltens und ihrer Präferenzen liegen. Empirische Evidenz ist also eine der Grundlagen für die Marktrelevanz von Marken, Produkten und ihren herstellenden Unternehmen. Um den Geschmack der Anspruchsgruppen zu treffen, muss man ihn zunächst einmal kennen. Auch Intuition kann zum Ziel führen (Dru, 2019, S. 34), ist aber dauerhaft riskant und bedarf zumindest empirischer Unterstützung.

In den ausdifferenzierten Märkten spätkapitalistischer Gesellschaften sind vor allem Marktforschungsinstitute damit beschäftigt, Kaufverhalten und Vorlieben von Konsumenten zu beschreiben, zu begründen und – im Idealfall – zu *antizipieren*. Konsumforschung gehört, neben dem politischen Wahlverhalten, zu den empirisch hervorragend belegten Verhaltensweisen. Sie ist ein Instrument zur Erleichterung von Marketingentscheidungen.

Schließlich geht es in der Markenkommunikation primär darum, Misserfolge zu vermeiden, und weniger darum, den eingetretenen Erfolg im Nachhinein empirisch zu erklären. Anders gesagt: Empirische Marktforschung hat den Zweck, Marketingentscheidungen abzusichern und der Markenführung innerhalb beschreibbarer sozioökonomischer Rahmenbedingungen die notwendige Orientierung zu geben. Dabei spielen soziodemografische Faktoren eine wesentliche Rolle.

5.5 Zur Rolle der Marktforschung

Soziodemografische Faktoren umfassen das Geschlecht, Alter, den Wohnort, Qualifizierungsgrad und die Einkommensverhältnisse der Befragten. Auf diese Weise werden objektive Parameter erfasst, die zu subjektiven Einstellungen und Präferenzen in eine Korrelation gebracht werden können. Empirische Evidenz ist niemals abschließend, sondern beschreibt ausschließlich einen Ist-Zustand auf der in Richtung Zukunft offenen Zeitachse. Die empirischen Einsichten können allerdings Managemententscheidungen eine objektive Grundlage geben. Beispielsweise sollte das empirisch in der Gesamtgesellschaft belegbare gesteigerte Bewusstsein gegenüber ökologischen Faktoren von Produkten und Dienstleistungen auch in der Markenkommunikation berücksichtigt werden – ansonsten droht ein Akzeptanzverlust der Marke.

Gerade weil die empirische Marktforschung lediglich den sozioökonomischen und sozialpsychologischen Ist-Zustand beschreiben und auswerten kann, ist die Markenkommunikation vor zukünftigen Überraschungen niemals gefeit. Ein Beispiel: Der enorme Erfolg der ästhetischen Normumkehr zum *ugly chic* der Modebranche kam für die meisten Unternehmen unerwartet. Allerdings ist es eine empirische Tatsache, dass sich diese Idee zu einem breiten Trend entwickelt hat, von dem wiederum die gesamte Modebranche profitiert.

Empirische Erkenntnisse über Trends und Präferenzen liefern also starke und objektiv zutreffende Indikatoren für Marketingentscheidungen. Empirische Beobachtungen können Marktpotenziale frühzeitig benennen und Risiken identifizieren. Damit werden Unschärfen vermieden, ohne jedoch die Zukunft, und damit den Erfolg, ultimativ prognostizieren zu können.

Zusammenfassung Kap. 5
Die konkreten Gestaltungs- und Kommunikationsformen einer Marke manifestieren sich in Design, Verpackung, Vermarktung und Inszenierung. Eine Marke und ihre Ausdrucksformen sind vollständig artifiziell – das Ergebnis von ästhetischen Präferenzen und rationalen Entscheidungen. Formen, Farben und sprachliche Ausdrucksweisen (Produktname, Slogan, Werbetexte etc.) müssen entwickelt und verbindlich festgelegt werden. Selten wird das Produkt ohne seine Verpackung präsentiert. Daher spielt auch das Packaging eine zentrale Rolle für den Erfolg des Markenproduktes. Dieses wird – real oder virtuell – in Szene gesetzt. Impulskommunikation am sogenannten Point of Sale (Einzelhandel) ist daher auch von größer Bedeutung für die Markenkommunikation.

Werbung leistet professionelle, zielgruppenorientierte Kommunikation. Die Digitalisierung stellt die Werbebranche vor die Notwendigkeit, Kampagnen und

Kommunikationsimpulse an das veränderte Informationsverhalten der Zielgruppen anzupassen. Public Relations hingegen hat die Pflege und Optimierung der Unternehmens- und Markenreputation zum Ziel. Unternehmens- und Markenkommunikation ist, genau betrachtet, ein ökonomisch motiviertes Anwendungsbeispiel der empirischen Sozialwissenschaften. Dies bedeutet, dass empirisch nachweisbare Einstellungen und Verhaltensweisen der Anspruchsgruppen bei der Entwicklung von Kommunikationsstrategien Berücksichtigung finden sollten. Zielgruppen sind keine Erfindung des Marketings, sondern ein empirisch beschreibbarer Teil der Gesamtgesellschaft.

Literatur

Birkigt, K., Stadler, M., & Funck, H. (2000). *Corporate Identity – Grundlagen, Funktionen, Fallbeispiele*. Verlag Moderne Industrie.
Bischof, R. (2008). *Event-Marketing. Emotionale Erlebniswelten schaffen – Zielgruppen nachhaltig binden*. Cornelsen Scriptor.
Dru, J.-M. (2019). *Thank you for disrupting*. Wiley.
Kastner, S., & Vaih-Baur, C. (2010). Integrierte Kommunikation für einen Firmenverbund im Bereich multisensueller Design-Dienstleistungen. In R. Spiller & H. Scheurer (Hrsg.), *Public Relations Case Studies. Fallbeispiele aus der Praxis* (S. 280–294). UVK.
Lembke, J. (12. Februar 2024). Ins Einkaufszentrum gegen die Einsamkeit. *Frankfurter Allgemeine Zeitung*. https://www.faz.net/aktuell/feuilleton/gen-z-geht-ins-einkaufszentrum-gegen-die-einsamkeit-19512379.html. Zugegriffen: 15. Febr. 2024.
Maak, N. (11. November 2023). Die südliche Seele im teutonischen Ding. Dem Automobildesigner Bruno Sacco zum neunzigsten Geburtstag. *Frankfurter Allgemeine Zeitung*, S. 11.
v. Matt, J.-R. (16. November 2023). Ängstlichkeit ist der große Trend. *W&V*. https://www.wuv.de/Themen/Kreation-Design/Jean-Remy-von-Matt-Aengstlichkeit-ist-der-grosse-Trend. Zugegriffen:18. Nov. 2023.
Mauss, M. (2019). *Die Gabe. Form und Funktion des Austauschs in archaischen Gesellschaften*. Suhrkamp.
Ohle, F. (2012). Marke und Verpackung. Kleider machen Leute – Verpackungen machen Marken. In F. Langenscheidt (Hrsg.), *Marke10* (S. 61–70). Deutsche Standards Editionen.
Reinartz, W., & Käuferle, M. (Hrsg.). (2014). *Wertschöpfung im Handel*. Kohlhammer.
Underhill, P. (2009). *Why we buy. The science of shopping*. Simon & Schuster.
Underhill, P. (2004). *Call of the mall: How we shop*. Profile Books.
Vaih-Baur, C., & Kastner, S. (2010). *Verpackungsmarketing. Fallbeispiele – Trends – Technologien*. Deutscher Fachverlag.

Medien und Marke 6

> **Zusammenfassung**
>
> Marken verbreiten sich über Medien. So entstehen spezifische Vorstellungsbilder in den Köpfen der Verbraucherinnen und Verbraucher, die entscheidend für den Kauf oder Nichtkauf von Markenprodukten sind. Durch Digitalisierung und neue Formen der interaktiven und dialogischen Kommunikation hat sich das Mediennutzungsverhalten innerhalb weniger Jahre radikal verändert. Die sozialen Medien erfordern neue Formen der Ansprache. Auch die Markenkommunikation muss sich diesem beschleunigten Wandel anpassen, um Marktrelevanz zu behaupten. Dabei gilt es auch, den generationellen Unterschied der Mediennutzung zu berücksichtigen. Disruptive Tendenzen, die vollkommen mit tradierten Mustern der Mediennutzung brechen, sind ebenfalls zu beachten. Im Einzelfall kann es sogar ratsam sein, revolutionär neue Wege zu gehen.

6.1 Digitalisierung und Medienwandel

Nichts hat in den vergangenen Jahren die Markenkommunikation und die Struktur der Medienlandschaft so stark verändert wie die Digitalisierung. Als eine echte Revolution der Informationstechnologie erfasste die Digitalisierung ab den 1980er-Jahren mit zunehmender Geschwindigkeit sämtliche Bereiche von Wirtschaft und Gesellschaft. Sie veränderte radikal ganze Branchen, wie etwa die Finanzindustrie, und griff zugleich tief in Alltagsverhalten und Privatsphäre ein.

Der Aufstieg der Digitalisierung zur lebensbeherrschenden Informationstechnologie ist nur, wenn überhaupt, mit der industriellen Revolution im 19. Jahrhundert vergleichbar. Die Digitalisierung markiert den Übergang zu einer neuen Form gesellschaftlichen Lebens in all seinen Bereichen, öffentlich und privat, beruflich und persönlich, individuell und gemeinschaftlich. Dies hat selbstverständlich auch wirtschaftliche Implikationen, die vor allem das Informationsverhalten von Organisationen und Individuen betreffen.

Im 21. Jahrhundert ist ein Leben ohne Smartphone, Apps und permanente Erreichbarkeit kaum mehr vorstellbar (Morozow, 2013; Eilers, 2014). Die Digitalisierung und die mit ihr einhergehende Vernetzung der Informationsströme hat die Art und Weise, wie wir leben, arbeiten und kommunizieren, massiv und unumkehrbar verändert. Was bis vor wenigen Jahren wie eine technologische Utopie klang, ist längst Alltag für hunderte Millionen Menschen geworden.

Die rasante Entwicklung hat auch unmittelbare Auswirkungen für die Markenstrategie (Mei-Pochtler, 2012, S. 56):

„Das globale Zeitalter ist entstanden und wird getragen von der fortschreitenden elektronischen Vernetzung, die – *anywhere, anytime* – einen globalen Markt schafft. (…) Marken, die in diesen globalen Communities und weltumspannenden Netzwerken florieren wollen, müssen eine individuelle und identifizierbare Kultur pflegen und zur Bildung von Gemeinschaften beitragen. Markenmanagement wird damit zu einer kulturellen Leistung, zu einer kontinuierlichen Kommunikationsaufgabe in der Network-Economy mit ihren wechselnden Beziehungsgeflechten von Konsumenten, Produzenten und Kooperationspartnern. Dabei geht es nicht mehr um vordergründig soziale Kampagnen, sondern um Authentizität und Inspiration. Kunden weltweit suchen Produkte, die nicht nur Identität und Verbindung in individuellen Bezugsgruppen ermöglichen, sondern die auch Inspiration und – im weitesten Sinne – Sinn vermitteln."

Die wesentlichen Parameter der Digitalisierung aus Sicht der Marken- und Unternehmenskommunikation umfassen unterschiedliche Ebenen. Es liegt gerade im Wesen einer multiinstrumentellen Technologie, dass immer mehr Aspekte hinzukommen, die berücksichtigt werden müssen, um Kommunikation zielgerichtet und erfolgreich einzusetzen. Die technologischen, psychologischen und wirtschaftlichen Herausforderungen sind unabsehbar. Gleiches gilt für die positiven und negativen Potenziale der Digitalisierung in der menschlichen Lebenswelt (Piallat, 2021, S. 19):

„Alles wird vernetzt, alles wird smart und alles wird digital. Der Digitalisierungsschub der letzten Jahrzehnte hat so große Erwartungen und gesellschaftliche Umbrüche ausgelöst, dass er zu einer oder gar der dominierenden transformativen Kraft des 21. Jahrhunderts geworden ist. Immer eindringlicher wird uns vor Augen geführt, dass wir die digitale Zukunft als Gesellschaft nicht aussitzen können, sondern sie gestalten müssen. Jede Epoche bringt neue ethische Herausforderungen, aber diesmal sind wir gleich mit der digitalen Transformation aller Gesellschaften und aller gesellschaftlichen Bereiche konfrontiert. Noch nie war der Bedarf nach Ansätzen für eine wertegeleitete Gestaltung der digitalen Welt so groß."

Aus wirtschaftlicher und Marketingsicht sind vor allem die folgenden *zehn Aspekte der Digitalisierung* von herausragender Bedeutung, da sie Kommunikationsstrukturen von Unternehmen ebenso betreffen wie das Kommunikationsverhalten von Gesellschaften, Organisationen und Individuen, seien sie Konsumierende oder nicht.

(1) Globale Simultaneität:
Alles geschieht gleichzeitig – Informationen und Impulse verteilen sich weltweit und mit einem einzigen Klick oder Swipe. Für Unternehmen bedeutet dies ein erhöhtes Bewusstsein für Krisenfälle mit globaler Reichweite. Doch ebenso sind innerhalb kurzer Zeit globale Erfolge und Absatzpotenziale realisierbar.

(2) Information Overload und enorme Redundanzen:
Soziale Medien und das Internet (mit und ohne die Potenziale Künstlicher Intelligenz – AI oder KI) produzieren permanent redundante Informationen. Diese führen, zusammen mit allen anderen Informationen, zu einem *Information Overload*. Die Vielzahl der Impulse und Kommunikationsfragmente erreicht gar nicht mehr das Bewusstsein und Erinnerungsvermögen der Zielgruppen.

(3) Transparente Kommunikation (sogenannter „Datenschweif"):
Jede Suchanfrage und Transaktion im Internet lässt sich zum einzelnen Nutzer zurückverfolgen. Jeder Einzelne trägt einen individuellen Datenschweif, der für technische Provider und die Anbieter von Informationen und Leistungen einsehbar ist. Im Netz gibt es keine Anonymität und der „transparente Verbraucher" ist, technisch zumindest, längst Realität. Der strukturelle Mangel and Persönlichkeitsschutz stellt u. a. die Datenschutzgesetzgebung vor völlig neue Aufgaben, zumal diese nur national und nicht global angewandt wird.

(4) Verschmelzen von Realität und Virtualität:
Bereits vor dem beginnenden Siegeszug der künstlichen Intelligenz war die Grenzziehung zwischen Realität und Virtualität problematisch; mittlerweile ist es fast schon unmöglich, diese zu ziehen. Je mehr Zeit vor den Displays verbracht wird, desto mehr ersetzt digitaler Content individuelle Erfahrungen unmittelbarer Art.

(5) Digital ist die neue Norm:
Analoge Kommunikationsformen sind auf dem Rückzug, werden aber nicht zur Gänze durch digitale Informationswege ersetzt. Dennoch: Das Abweichen von der digitalen Norm bedarf immer stärker der Rechtfertigung. Wer, und sei es nur für ein paar Stunden, das Smartphone ausmacht oder offline ist, muss dafür schon gute Gründe haben und diese im Zweifelsfall angeben. Denn normal ist es nicht mehr, nicht erreichbar zu sein.

(6) Informationsoligopole:
Digitale Vernetzung und Informationsvermittlung haben innerhalb weniger Jahre zu Tech-Oligopolen geführt, die wirtschaftlich und infrastrukturell von der Digitalisierung überproportional profitieren. Wenn auch fast alle Individuen und Unternehmen unabhängig voneinander online sind, benutzen sie doch zumeist identische Kanäle, Anbieter oder Geräte. Die Digitalisierung führt zu einer enormen Konzentration von Profit, Kapital, bereitgestellten Services und der Möglichkeit, diese jederzeit wieder zu entziehen oder zu verlangsamen. Die Freiheit schafft neue Abhängigkeit.

(7) Echtzeitkommunikation:
Ereignis und mediale Spiegelung des Ereignisses fallen zeitlich zusammen (Nielsen et al., 2023, S. 8): „Zu den markantesten technologischen Veränderungen im Bereich Kommunikation und Medien zählt die erhöhte Geschwindigkeit." Die Reaktionszeiten für Informationsmedien, aber auch für die Unternehmenskommunikation, sind radikal verkürzt. Echtzeitkommunikation *(real time)* ist der technische Goldstandard der Informationsvermittlung. Es gibt keine Mittelbarkeit mehr, sondern nur noch das Unmittelbare.

(8) Einsatz von Künstlicher Intelligenz:
Künstliche Intelligenz *(Artifial Intelligence,* AI) ist innerhalb weniger Jahre zu einem der populärsten Medienbegriffe aufgestiegen. Sie hat das Potenzial, menschliche Arbeit – vor allem geistige Tätigkeiten – ökonomisch zu revolutionieren. Diese Entwicklung, die nicht nur die Wirtschaft und Arbeitswelt, sondern sämtliche Gesellschaften im globalen Maßstab betrifft, steht momentan erst am Anfang. Sie ist die nächste Stufe der Informationsrevolution durch die Digitalisierung.

(9) Ununterscheidbarkeit von Faktizität und Fake:
Durch die Virtualisierung der Realität wird es zunehmend schwieriger, reale Ereignisse von fiktiven zu unterscheiden. Vor allem dann nicht, wenn der individuelle Bezug zur Wirklichkeit ohnehin schon sozial gestört gewesen ist. Diese Entwicklung destabilisiert vor allem das politische System, lässt sich aber auch ökonomisch

nutzen. Das Krisenpotenzial von *Fake News* ist schon jetzt gewaltig. Auch für die Unternehmenskommunikation.

(10) Digitalisierung der Vertriebswege:
Jedes produzierende Unternehmen steht vor der Herausforderung, Produktionsverfahren und digitale Strukturen miteinander zu verknüpfen und möglichst kurze Vertriebswege zu schaffen. Wenn alle Waren bloß einen Klick weit entfernt sind, lässt sich die Distanz nur noch durch digitale Elemente überwinden. Selbst die Kuriere folgen mittlerweile ausschließlich den Routen, die ihnen ihr Smartphone vorgibt.

Die Digitalisierung ist keine technische Zusatzfunktion, sondern eine technologisch induzierte Revolution wirtschaftlicher, gesellschaftlicher und kultureller Strukturen. Diese Umwälzung, die simultan global auftritt, ohne dabei einem Masterplan zu folgen, lässt nichts und niemanden unberührt. Wer die Digitalisierung nicht nachvollzieht, ist schnell vollkommen isoliert (Piallat, 2021, S. 57):

> „Die Geschäftsmodelle der amerikanischen Digitalmonopole wie Alphabet (Google, Youtube etc.), Facebook, Amazon, Microsoft etc. beruhen auf der wirtschaftlichen Ausbeute der personenbeziehbaren Daten. Da diese Tech-Unternehmen über eine Machtkonzentration verfügen, die ohnegleichen in der Geschichte ist, können die Menschen ihre Privatsphäre nur dann weitgehend schützen, wenn sie auf das System verzichten, es (…) unterlaufen oder wenn sich die normativen Rahmenbedingungen des Systems ändern."

Klassische Medienunternehmen (Zeitungen und Zeitschriften, Rundfunk, Filmindustrie etc.) sind in besonderem Maße vom digitalen Umbruch betroffen, da er ihr tradiertes Geschäftsmodell radikal infrage stellt. Vor allem die Nachrichtenunternehmen gründeten ihr Geschäftsmodell auf der Bereitschaft der Marktteilnehmer, für exklusive Informationen zu bezahlen. Darin liegt – oder besser gesagt, lag – auch die Attraktivität der Medienunternehmen für werbetreibende Produzenten. Sobald jedoch Informationen über das Internet und soziale Medien kostenlos erhältlich sind, erodiert das Geschäftsmodell der Medien. Digitalisierung bedeutet auf diesem Markt also nicht bloß die Implementierung einer Technologie, sondern zugleich – ja, simultan – die Notwendigkeit zur Entwicklung tragfähiger Geschäftsmodelle im digitalen Umfeld.

6.2 Dialogische Formen der Markenkommunikation

Der beschleunigte Wandel in der Informationstechnologie ermöglicht völlig neue Formen und Varianten der Markenkommunikation. Durch die Digitalisierung erfolgt eine sich intensivierende Medialisierung von Öffentlichkeit und Marktteilnehmern, die auch Markenunternehmen aktiv gestalten können. Durch die systematische Ausdehnung von Kommunikationsstrategien auf neue Felder der Interaktion kann es gelingen, digitale Trends für wirtschaftliche Zwecke zu nutzen. Dabei spielt die Dialogfunktion digitaler Kommunikationsformate, vor allem in den sozialen Medien, eine zentrale Rolle (Eilers, 2014, S. 6):

> „Das eigentliche Erfolgsgeheimnis der Markenführung in Social Media ist (…) die Interaktion. (…) Insbesondere durch die Interaktion kann Social Media als geeignetes Instrumentarium zur Begegnung der aktuellen Herausforderungen der Markenführung gesehen werden. Durch die Individualität der Kommunikation, welche durch die Interaktion ermöglicht wird, werden dem Nachfrager einzigartige Markenerlebnisse vermittelt."

Dialogorientierte Markenkommunikation ist aufs Engste mit dem Aufstieg und den Möglichkeiten digitaler Medien verknüpft. Tradierte Werbe- und Marketingformate der Markenkommunikation wie Anzeigen, Plakate oder Werbefilme erfüllten zwar den Zweck der Information und Emotionalisierung, dienten aber nur bedingt dem dialogischen Austausch. Strukturell war es kompliziert und zeitaufwendig für Konsumenten und Interessierte, mit den Unternehmen direkt in Kontakt zu treten. Diese Kommunikationsbarrieren sind durch die Digitalisierung mehr oder weniger vollständig gefallen (Nielsen et al., 2023).

Durch personalisierte Markenbotschafter können Unternehmen auf vielfältige Weise den Dialog mit ihren Anspruchsgruppen pflegen und steuern (Nielsen et al., 2023, S. 182):

> „Grundsätzlich können Auswirkungen der Social-Media-Influencer-Kommunikation kognitiver, affektiver und konativer Art sein, also auf der Ebene von Erinnerung, Einstellung und Verhalten bestehen."

Soziale Medien bedienen als technologischer Spiegel das menschliche Bedürfnis nach Austausch und Kommunikation, nach Wahrnehmung und Wahrgenommen-Sein. Marken-Influencer und -unternehmen instrumentalisieren geschickt dieses psychologische Grundbedürfnis, indem sie sich als Ansprechpartner positionieren und Dialogelemente übernehmen. Emojis und kurze Kommentare simulieren eine Beziehungsebene, die vermeintlich gleichberechtigt ist; tatsächlich jedoch dient die Bindung der Anspruchsgruppen keinem emotionalen, sondern einem kommerziellen Zweck.

Durch die digitale Dialogfunktion verfügen Markenunternehmen über ein unmittelbares Feedback zu Produkten, Dienstleistungen und Innovationen. Die Informationsbasis für markenrelevante Entscheidungen ist dadurch deutlich breiter und tiefer geworden. Andererseits erwarten die Dialogpartner auch angemessene Antworten, welche wiederum Zeit und Ressourcen benötigen. Der Einsatz von künstlicher Intelligenz ist daher auch in der Kundenkommunikation auf dem Vormarsch (Altenburger & Schmidpeter, 2021).

Die Dialogfunktion der sozialen Medien ist ein starkes Instrument für Konsumentenansprache und -bindung. Marken und ihre Repräsentanten sind dialogfähig geworden, auch ohne ihren Kunden persönlich zu begegnen. Das mediale Interface schafft zugleich Nähe und Distanz. Die prinzipielle technische Dialogfähigkeit und die entsprechende Erwartungshaltung seitens der Anspruchsgruppen haben für die Markenkommunikation zwei unmittelbare Konsequenzen:

1. **Erhöhung der Kommunikations- und Reaktionsgeschwindigkeit:** Dialoge können nur innerhalb eines Zeitfensters sinnvoll geführt werden. Markenunternehmen benötigen eine Kommunikationsinfrastruktur, die eine rasche Reaktion erlaubt. Das gilt im Übrigen auch für den Fall der Krisenkommunikation.
2. **Gestiegenes Transparenzbedürfnis seitens der Konsumenten:** Die neue digitale Nähe zu Unternehmen führt zu einem gestiegenen Bedürfnis nach Information und Transparenz. Konsumenten möchten zeitnah informiert und mit Neuigkeiten versorgt werden. Kritische Rückfragen sind zulässig und bedürfen einer ebenso raschen wie überzeugenden Antwort. Dialogische Kommunikation führt also in Konsequenz zu einer deutlichen Erhöhung der Kommunikationsakte und erzeugt dadurch wiederum Redundanzen.

Die Dialogtendenzen digitaler Kommunikation führen zu einer neuen, partizipativen Qualität der Marken- und Unternehmenskommunikation. Anspruchsgruppen und Konsumenten gestalten das Bild der Marke in der Öffentlich aktiv mit – einfach, indem sie öffentlich sichtbar mit dem Unternehmen kommunizieren. Wenn sich das Unternehmen diesem Dialog verweigert, so verbleibt eine weitere Option für den User – im digitalen Raum über das Unternehmen zu sprechen. Diese Inhalte wiederum entziehen sich zur Gänze der Kontrolle der Unternehmenskommunikatoren. Vollkommener Kontrollverlust ist die direkte Konsequenz.

6.3 Disruption und Marke

Neben den klassischen Markenstrategien, die auf Kontinuität und Wiedererkennbarkeit setzen, gibt es auch Beispiele gegenläufiger Kommunikationsstrategien, die aus ökonomischen, taktischen oder technologischen Gründen den radikalen Neuanfang suchen und tradierte Märkte revolutionieren.

Disruptive Geschäftsmodelle haben, insbesondere unter dem Vorzeichen des Digitalen, enorme Durchschlagskraft gewonnen (Dru, 2019). Informationstechnologien wurden innerhalb weniger Jahre und im globalen Maßstab popularisiert. Einige prominente Beispiele aus Gegenwart und jüngster Vergangenheit veranschaulichen diese Wucht disruptiver Geschäftsmodelle (vgl. Dru, 2019):

- Die online-basierte Plattformökonomie revolutioniert weltweit Warenpräsentation, Einkaufsverhalten und Logistik.
- Das Smartphone mit eingebauter Kamera verdrängt den Fotoapparat und revolutioniert den Informationsaustausch über Wort und Bild.
- Laptops und WLAN ermöglichen mobile Arbeitsmodelle, die kontinuierliche Präsenz am Büroarbeitsplatz nicht mehr vorsieht.
- Onlinebanking ersetzt das kleinteilige Filialgeschäft der Verbraucherbanken.
- Internetbasierte Suchmaschinen verdrängen alle anderen Informationsanbieter.
- Soziale Medien und ihre Galionsfiguren (Influencer) untergraben das ökonomische Modell tradierter Medien, welches auf dem Austausch geldwerter Informationen beruht.
- Messengerdienste (Kurznachrichten) ersetzen den privaten Briefverkehr und das Telegramm, welches von der Post mittlerweile gar nicht mehr angeboten wird.

Die Infrastruktur des Internets revolutioniert die Informationstechnologie im globalen Maßstab. Auch die professionelle Markenkommunikation befindet sich inmitten eines radikalen Wandlungsprozesses, der technologisch und gesellschaftlich motiviert und getrieben ist.

Erwartungshaltung, Kaufmotivation und Informationsverhalten der Anspruchsgruppen haben sich innerhalb kurzer Zeit dramatisch verändert. Die auffallendsten Phänomene sind:

- Die spektakuläre Erhöhung der Vermittlungsgeschwindigkeit
- Jede Botschaft ist (potenziell) global
- Dominanz des Visuellen über das Textuelle

6.3 Disruption und Marke

- Neubewertung von Konsum und Materialismus in Anbetracht sich verschärfender wirtschaftlicher und ökologischer Krisen

Was momentan in westlichen Gesellschaften geschieht, ist eine mediale und mentale Umorientierung und Umwertung mit unabsehbaren infrastrukturellen und wirtschaftlichen Folgen. Diese umfassende Transformation ist auch für die Markenkommunikation relevant und folgenreich.

Die Notwendigkeit der Veränderung und die Bereitschaft, das radikal Neue zu wagen, sind zu neuen Kommunikationstugenden avanciert. Ihre Repräsentanten, erfolgreiche Unternehmensgründerinnen und -gründer, werden als die neuen Helden der Gegenwart glorifiziert und genießen Kultstatus bei ihren Apologeten (Steinmann, 2019, S. 19):

> „Die größten Erfolge in der Geschichte des Marketings heißen Apple, Dyson, Red Bull, Nike und Starbucks. Diese Marken wurden allesamt in Märkte hinein lanciert, in denen scheinbar übermächtige Wettbewerber bereits (…) etabliert waren. Die Herausforderer waren anders als die anderen, gemäß Marketingjargon „differenziert" und ,einzigartig'. Nicht nur ein bisschen, (…) sondern richtig anders. Geführt wurden und werden diese Überflieger von Mavericks mit Marketing im Vollblut, vorlebend, fordernd, prägend: Steve Jobs, Philip Knight, Dietrich Mateschitz – keine Apparatschiks, keine blassen Bürokraten. ,Breaking the Rules' ist dort kein knuffiges Motto für ein tragisches Management-Seminar, sondern Alltag, ewige Herausforderung und ultimatives Maß der Dinge."

Markenkommunikation wird affiner für extreme Veränderungen und die Revolutionierung historisierter Geschäftsmodelle. Die digitale Technologie ist dabei lediglich das Medium der Veränderung, nicht diese selbst. In saturierten Märkten mit einem dichten Wettbewerbsumfeld sind radikal neue Ideen wirkungsvoller als tradierte Verhaltensmuster. Die Konsumierenden selbst treiben die permanente Veränderung an und erhöhen durch ihr eigenes Mediennutzungs- und Kaufverhalten den Druck und die Geschwindigkeit der Transformation.

Doch was sind die Kennzeichen der Disruption – worin unterscheidet sie sich von anderen ökonomischen Wandlungsprozessen? Revolutionäre Veränderungen (Jenner, 1999, S. 150)

> „lassen sich dadurch kennzeichnen, dass sie etablierte Spielregeln des Wettbewerbs und damit die Eignung bislang erfolgreicher Marktbearbeitungsstrategien grundsätzlich in Frage stellen. Im marktlichen Umfeld resultieren derartige Entwicklungen in erster Linie aus grundlegenden Veränderungen der Kundenbedürfnisse und (…) Angebotseigenschaften. Revolutionäre Veränderungen haben oftmals den Charakter einer Diskontinuität, die sich durch schwache Signale ankündigt, aber im Vorfeld

nur schwer identifiziert werden kann. Häufig werden revolutionäre Veränderungen durch Unternehmen aus anderen Branchen oder durch einen Newcomer ausgelöst und sorgen dafür, dass etablierte Marken ihre dominierende Marktposition verlieren."

Disruptive Markenführung und -kommunikation bedarf dabei einer deutlich höheren Fehlertoleranz (Dru, 2019, S. 13). Experimentelle Geschäftsmodelle und ihre Kommunikation haben keine Vorbilder. Sie sind riskant, können aber auch ein enormes Marktpotenzial bergen, welches noch nicht exploriert worden ist. Genau dies ist das ökonomische Versprechen der Disruption. Zu ihrer Implementierung bedarf es daher auch einer zumindest partiellen Veränderung der Unternehmenskultur, die Risiken anders bewertet. Nämlich nicht als Verlustgefahr, sondern als potenzielle Gewinnbringer.

Für die Markenkommunikation bedeutet dies die Bereitschaft, völlig neue Wege zu gehen und bisherige Marketingmodelle auf den Kopf zu stellen. Exklusive Angebote werden demokratisiert, Kooperationen mit Wettbewerbern geschlossen, und scheinbar Unvereinbares wird miteinander kombiniert. Disruption als Kommunikation ist nichts anderes als der Mut zum Experiment – mit ungewissem Ausgang.

Zusammenfassung Kap. 6
Die Digitalisierung gehört fraglos zu den prägenden Phänomenen der Gegenwart. Sie umfasst den gesamten Globus und ist noch längst nicht am Ende ihrer Durchdringungstiefe angelangt. Digitalisierung betrifft Staaten, Gesellschaften, Unternehmen, Gruppen und Individuen gleichermaßen.

Für die Markenkommunikation bedeutet Digitalisierung ein radikales Umdenken hinsichtlich Medienauswahl und Kommunikationsformen. Dialogorientierte Formate, wie etwa in den sozialen Medien üblich, gewinnen massiv an Bedeutung.

Die Digitalisierung ist ebenfalls Treiber disruptiver Tendenzen. Dies betrifft gleichermaßen Geschäftsmodelle und Kommunikationsweisen. Disruption bezeichnet bewusst herbeigeführte Diskontinuitäten, die mit traditionellen Konzepten, Strukturen und Kommunikationsformen brechen.

Literatur

Altenburger, R., & Schmidpeter, R. (2021). *CSR und Künstliche Intelligenz*. Springer Gabler.
Dru, J.-M. (2019). *Thank you for disrupting*. Wiley.

Literatur

Eilers, D. (2014). *Wirkung von Social Media auf Marken. Eine ganzheitliche Abbildung der Markenführung in Social Media.* Springer Gabler.

Jenner, T. (1999). Überlegungen zum strategischen Wandel in der Markenführung. *Journal of Research and Management, 21*(2), 149–160.

Mei-Pochtler, A. (2012). Marke und Globalisierung. In F. Langenscheidt (Hrsg.), *Marke10* (S. 51–60). Deutsche Standards Editionen.

Morozow, J. (2013). *Smarte neue Welt: Digitale Technik und die Freiheit des Menschen.* Blessing.

Nielsen, M., Ditlevsen, M. G., & Grethe, A. P. J. (2023). *Werbung und PR im digitalen Zeitalter. Grenzen, Übergänge und neue Formate.* Springer VS.

Piallat, C. (Hrsg.). (2021). *Der Wert der Digitalisierung. Gemeinwohl in der digitalen Welt.* Transcript.

Steinmann, C. (3. Februar 2019). Fade Ideen von blassen Bürokraten: Gutes Marketing stirbt aus. *NZZ am Sonntag,* S. 17.

7 Spezielle Anwendungen des Markenbegriffs

> **Zusammenfassung**
>
> Die Anwendungen von Markenarbeit und Markenkommunikation werden auch in Zukunft vielfältiger. Der Begriff der Marke bezieht sich längst nicht mehr ausschließlich auf Produkte und Unternehmen. Auch Nationen und Regionen verstehen sich mittlerweile als Marken, die sich im Wettbewerb der Standorte behaupten müssen. Destinationsmarketing im Tourismus gibt oftmals die entscheidenden Impulse für die Planung einer Reise. Techniken des Marketings lassen sich zudem auf den Kunstbetrieb anwenden, zumal immer mehr Unternehmen das Feld der Kultur als positiven Imagefaktor explorieren. Ebenfalls ist auffallend, wie der Markenbegriff immer stärker individualisiert wird – Influencer-Marketing tritt an die Stelle tradierter Marketingstrategien, auch werden Marken- und Produktangebote über digitale Kanäle immer genauer auf die Bedürfnisse und Interessen einzelner Marktteilnehmer abgestimmt. Konsumbedürfnisse haben dabei zunehmend, wenn auch nicht vordergründig, eine ethische Dimension. Nachhaltigkeitsstrategien von Unternehmen versuchen, diesen Ansprüchen zumindest symbolisch gerecht zu werden. Dennoch bleibt als Tatsache bestehen, dass Markenkommunikation primär, vielleicht sogar ausschließlich, konsumgetrieben ist.

7.1 Nation Branding

Regionen, Länder und Nationen können ebenfalls als Marken verstanden, als solche dargestellt und positioniert werden. Die Motivation, dies zu tun, ist zumeist wirtschaftlich. Denn auch Staaten haben ein ökonomisches und politisches Interesse daran, auf eine spezifische und für sie positive Art und Weise von der Außenwelt wahrgenommen zu werden.

> „Marken befinden sich selbstverständlich nicht in einem luftleeren Raum, und um erfolgreich zu sein, müssen sie den jeweils herrschenden ‚Zeitgeist' widerspiegeln. Alltagskultur und gesellschaftliche Trends nehmen Einfluss auf starke Marken",

schreibt die südafrikanische Marketingexpertin Yvonne Johnston (Dinnie, 2008, S. 13, Übers. d. Verf.). Auch Nationen und Regionen stehen miteinander im Wettbewerb, etwa wenn es um die Ansiedlung von Industrieanlagen oder Unternehmenszentralen geht. Als Herstellerland spielen „Nation Brands" eine nicht zu unterschätzende Rolle. „Made in Germany" ist ein hilfreicher Herkunftshinweis bei der Vermarktung von Maschinenbauprodukten und Automobilen. „Made in Italy" hingegen gilt als Qualitätshinweis im Kontext von Mode und Lifestyle. Eine Schweizer Privatbank genießt allein durch die Tatsache, dass sie ihren Sitz in Zürich, Zug oder Genf hat, einen Vorteil gegenüber einem Bankinstitut mit Sitz im, beispielsweise, libyschen Bengasi.

Ein Land, welches im Bewusstsein ausgesuchter Anspruchsgruppen über eine positive Reputation verfügt, wird im direkten Wettbewerb besser bestehen können (Eitel & Spiekermann, o. J., S. 27):

> „Stellen wir uns Frankreich ohne Mode vor, Deutschland ohne Automobilindustrie oder Japan ohne Gadgets und Sushi: Länder lösen Bilder, Emotionen und Assoziationen in unseren Köpfen aus, selbst wenn wir nie dort gewesen sind. Die Vorstellung, die wir von einem Land haben, ist ausschlaggebend dafür, wie wir dieses Land emotional besetzen und ob wir dieses Land z. B. im Urlaub besuchen, dort unser Geld investieren oder etwas aus diesem Land zu kaufen. Wenig aussagekräftigen Erfahrungen können dem vorangegangen sein (Urlaub, Vorurteile, Medienbericht, Bekanntschaften, Freundeskreis, etc.) und werden häufig nicht der Realität gerecht."

Gewiss umschreibt der Begriff der Nation eine wesentlich komplexere Realität als etwa ein einzelnes Unternehmen und seine Produkte. Im Bild der Nation verdichten sich Vorstellungen über Geschichte, Bevölkerungsstruktur, Religion, Geografie, klimatische Bedingungen, politische und infrastrukturelle

Voraussetzungen zu einem letztlich unauflöslichen und oftmals auch selbstwidersprüchlichen Begriff (Victorin et al., 2018). Kulturwissenschaftler wie Benedict Anderson (2006) vertreten sogar die Auffassung, dass der Begriff der Nation lediglich einen Vorstellungswert repräsentiere. Eine bemerkenswerte Parallele zum immateriellen Markenwert, der ja auch auf einer bloßen Vorstellung im Bewusstsein der Anspruchsgruppen existiert (Esch, 2012).

Nation Branding als Instrument des Marketings und der Markenbildung ist nur dann praktikabel, wenn es Komplexität reduziert und sich auf wenige Aspekte eines Landes beschränkt – etwa auf die touristische Attraktivität, die Innovationsfähigkeit oder Wirtschaftskraft. „Länder kämpfen um das Vertrauen von Investoren, Touristen, Konsumenten, Immigranten und Medien" (Szarek, 2006). Für jede Anspruchsgruppe ist ein anderer Aspekt eines Landes ausschlaggebend oder bedeutsam – zugleich ergibt sich jedoch ein Gesamtbild aller wichtigen Facetten.

Die Initiative „Deutschland – Land der Ideen" betont ausdrücklich den Erfindungsreichtum, die Wissensinfrastruktur und die industrielle Vielfalt hierzulande (Land der Ideen, 2023). Dies ist ein deutliches Signal nach innen und außen an Studierende, Unternehmen und Investoren. Es liegt im Interesse eines Landes, leistungsbereiten Menschen mit der Fähigkeit, neue Ideen und Technologien zu entwickeln, eine mittel- und langfristige Bleibeperspektive zu geben. Für einen industriell geprägten Industriestandort wie Deutschland ist genau dieser Ausschnitt der nationalen „Brand" von übergeordneter Bedeutung.

Für andere Länder wiederum sind völlig unterschiedliche Kriterien des Nation Brandings ausschlaggebend. Ein Beispiel: Die ausgeprägte Start-up-Kultur in Kalifornien ist nur für eine kleine, klar definierte internationale Anspruchsgruppe signifikant. Für sie jedoch ist genau dieser Aspekt, die singuläre Verbindung aus Wissenschaft, risikoaffiner Investitionskultur und dynamischem Unternehmertum, in höchstem Maße relevant. Genau diese Kriterien umschreiben das sogenannte „Silicon Valley" in Kalifornien und machen es dadurch besonders attraktiv für Investoren und Tech-Unternehmer – zumindest in deren subjektiver Wahrnehmung.

Wem hingegen hochwertige Designobjekte und ultimativ elegante Mode als wichtig erscheinen, wird an andere „Nation Brands" als die US-amerikanische Westküste denken, an Italien vermutlich und Frankreich. Das *Comité Colbert* (2023) in Paris arbeitet daran, das Qualitätsimage französischer Luxusgüterindustrie weiterhin auf hohem Niveau zu halten. Die Verbindung von Mode und Luxus mit der Nation Brand Frankreich ist aus ökonomischer und touristischer Perspektive sinnvoll und nachvollziehbar.

Wie Marketing und Markenführung für einzelne Unternehmen folgt auch das Nation Branding einem vollkommen rationalen und ökonomischen Kalkül. Dabei spielen Aspekte der Differenzierung eine herausragende Rolle: Wodurch unterscheidet sich ein Land von anderen Nationen? Was macht es, im positiven Sinne, einzigartig? Welche Erwartungen können stimuliert werden, ohne das Risiko einer Enttäuschung einzugehen? Was also ist zugleich realistisch und visionär? Anhand eines Beispiels soll dies kurz erläutert werden.

Eine „Nation Brand" von globaler Strahlkraft ist sicherlich die Schweiz. Als kleines Land im Herzen Europas verfügt es über eine seit Jahrzehnten stabile und weitestgehend unveränderte Reputation. Neutralität, Wohlstand und hoher Lebensstandard, verlässliche innere und äußere Sicherheit, touristische Attraktivität und Schönheit der Natur sowie, nicht zu vergessen, die globale Alleinstellung in der mechanischen Uhrenindustrie – all dies sind eben nicht bloß stereotype Vorstellungsmuster, sondern bilden tatsächlich die Realität des Landes ab. Hinzu kommen hohe Kompetenz bei der Herstellung von Genuss- und Lebensmitteln (Käse und Schokolade), eine langjährige Tradition als Sitz internationaler Organisationen sowie ein starker Finanzsektor. Zudem ist die Schweiz, nicht zuletzt aus steuerlichen Gründen, der Sitz zahlreicher Konzerne, Reedereien, Logistik- und Handelsunternehmen. All dies entspricht der gesellschaftlichen und wirtschaftlichen Wirklichkeit des Landes – auch wenn damit inhaltlich nichts Neues gesagt ist. Die Kohärenz zwischen Vorstellungsbild und gesellschaftlicher Wirklichkeit führt in der Kommunikation jedoch zu einer weiteren Stärkung der „Marke" Schweiz.

Nation Branding versucht mit Mitteln der Kommunikation – etwa durch Werbekampagnen, positive Berichterstattung und Veranstaltungen – ein positives Image eines Landes im Bewusstsein relevanter Anspruchsgruppen auszuprägen oder zu bestärken. Die Auswahl der jeweiligen Aspekte und Facetten eines Landes ist dabei von entscheidender Bedeutung. Die Instrumente, Strategien und Ergebnisse im Nation Branding sind dabei eng an klassische Aktivitäten der Markenführung angelehnt. Das kann kaum überraschen: Nation Branding geht schließlich als Grundannahme davon aus, dass sich Länder wie Unternehmen und Marken kommunikativ definieren und popularisieren lassen. Die Praxis zeigt, es funktioniert.

7.2 Destinationsmarketing

Auch touristische Destinationen lassen sich als Marken betrachten, entsprechend definieren und positionieren. Urlaubsorte wie die italienische Adria, die Côte d'Azur oder die Balearen, aber auch touristische Städteziele wie London, Paris, Abu Dhabi oder New York vermitteln bereits vor der Abreise konkrete Assoziationen und Vorstellungsbilder. Sie entwickeln eine Aura der Sehnsucht, und genau diese ist der Grund, dorthin zu reisen.

Der Wettbewerb der Destinationen in Marketing, Kommunikation und Werbung ist deswegen so unerbittlich, weil jede Reise zu einem konkreten Ziel alle anderen möglichen Reiseoptionen ausschließt (Pietzcker & Vaih-Baur, 2020, S. 66):

> „Bevor die Reise überhaupt angetreten wird, ist eine schier unübersehbare Flut an Informationen zu bewältigen. Reiseführer, Prospekte, Zeitungsartikel, Websites, Reiseberichte auf privaten Blogs, offizielle Informationen der jeweiligen Tourismusbehörden, Einträge auf Vergleichsportalen etc. – sie alle versuchen, das Konventionelle ins Unvergessliche und das Austauschbare ins Singuläre zu verwandeln."

Destinationsmarketing positioniert Reiseziele als einzigartig und unverwechselbar. Und das mit gutem Grund. Denn anders als Produkte und Dienstleistungen in der klassischen Markenkommunikation, sind Destinationen nicht nur in der Fiktion, sondern auch real unverwechselbar und singulär. Den Eiffelturm gibt es, im Original, eben nur in Paris. Gleiches gilt für das Brandenburger Tor in Berlin, die Tower Bridge in London oder den Pearl Tower in Shanghai. In der klassischen Markenkommunikation gilt *Uniqueness* (Einzigartigkeit) als einer der stärksten Kaufanreize. Denn die Singularität eines Angebots verleiht ihm, zumindest in den Augen der Anspruchsgruppen, eine Alleinstellung vor allen Mitbewerbern. Eine singuläre Marke lässt sich nicht imitieren. Das gilt ganz besonders im Destinationsmarketing (Eisenstein, 2018, S. 68):

> „Räume stehen in Konkurrenz um Ressourcen unterschiedlicher Art: Einwohner, Unternehmen, Sach- und Finanzkapital, Arbeitskräfte, Auszubildende und Studierende – oder auch Touristen. Dabei pflegen gerade benachbarte Städte und Regionen teilweise eine geradezu historische Rivalität. Beim gar nicht so neuen interkommunalen und interregionalen Wettbewerb der Standorte geht es im Kern um die Bindung oder den Zugewinn von Faktoren, die den materiellen und immateriellen Wohlstand vor Ort fördern."

Die Betonung des Aspektes der Einzigartigkeit des Reiseziels wird durch authentische Erlebnisse vor Ort bestätigt. Die Erwartung der Reisenden zumindest hinsichtlich der Sehenswürdigkeiten kann ohne Weiteres erfüllt werden. Doch dies allein genügt nicht. Um eine Destination zu einer starken touristischen Marke aufzubauen, muss auch die Infrastruktur vor Ort adäquat für Reisende sein: Schienennetz, Flughafen, Metrolinien, Hotellerie, gastronomische und kulturelle Angebote müssen ebenfalls überzeugen.

Um kein Risiko einzugehen, vertrauen immer mehr Touristen auf generische Angebote – derselbe Reiseanbieter, dieselbe Airline, dieselbe Hotel- und Restaurantkette, völlig gleichgültig, wohin die Reise tatsächlich geht. Dies führt paradoxerweise zu einer zunehmenden Austauschbarkeit der Reiseerlebnisse (Pietzcker & Vaih-Baur, 2020, S. 66):

„Das Reiseparadox des Massentourismus lautet: Obgleich die Reisenden eine artikulierte und einschätzbare Erwartung hinsichtlich des Komforts, Budgets und des Erlebnisses haben, träumt jeder von ihnen von einer unvergleichlichen, einzigartigen, persönlichen Erfahrung. Diese kann aber nicht vor Ort eingelöst werden, sondern lediglich durch Werbung, Public Relations und Empfehlungsmarketing vorab suggeriert werden. Während sich die Destinationen einander angleichen, wird die Kommunikation immer ausgefallener und aufwändiger. Das touristische Urlaubsversprechen liegt damit weniger in der Realität als vielmehr in der Kommunikation."

Auch Übertourismus (sogenannter *Overtourism*) stellt das Destinationsmarketing vor eine schier unlösbare Aufgabe. Durch die große Popularität eines Reiseziels, die unübersehbare Zahl der Touristen und die Anpassung der Infrastruktur an deren nivellierte Bedürfnisse rücken Aspekte wie Authentizität und Singularität in den Hintergrund und werden durch Komfort und Erlebnisabsicherung ersetzt. Spektakulär und zugleich völlig risikolos ist die (nicht einlösbare) Devise. Hier werden die Grenzen des Marketings erreicht.

Destinationsmarketing ist, im engeren Sinne, ein klares Dienstleistungsversprechen, welches den Transport und die Unterkunft ebenso beinhaltet wie Essen und Unterhaltungsangebote. Die Erwartungshaltung aufseiten der Konsumenten und Reisenden ist entsprechend hochgeschraubt. Dabei ist das Reisen von komplexen Faktoren abhängig, die sich nur partiell beeinflussen lassen. Das fängt beim Wetter an und hört beim Restaurantbesuch auf. Werden die Reisenden höflich oder gleichgültig behandelt? Sind die Museen, die besichtigt werden sollen, überhaupt geöffnet und lassen sich – Stichwort: *Overtourism* – überhaupt kurzfristig Karten für kulturelle Angebote und Veranstaltungen organisieren? Die Frage, ob eine Reise als Highlight oder als Enttäuschung erlebt wird, liegt eben nur teilweise in den Händen des Reiseveranstalters.

7.2 Destinationsmarketing

Destinationsmarketing stellt eine besonders prägnante Anwendung der Markenführung und -kommunikation dar. Das beworbene Reiseziel ist geografisch, architektonisch und kulturell einzigartig und bietet daher einen starken kommunikativen Anreiz. Allerdings ist der Konkurrenzdruck durch alternative Reiseziele enorm (Eisenstein, 2018, S. 69):

„Die deutliche Expansion des weltweiten Angebots an Destinationen geht (…) einher mit einem starken Ausbau touristischer Infrastrukturen und einer umfassenden Ausweitung der Mobilitäts- und Transportmöglichkeiten. Mit den hinzukommenden dynamischen Entwicklungen bei den Informations- und Kommunikationstechnologien führt dies auch im Tourismus zu einer erhöhten Markttransparenz bei gleichzeitiger Transaktionskostenreduktion und einer Bedeutungsabnahme der räumlichen Entfernung zwischen den Marktpartnern."

Die Positionierung einer Destination fällt deswegen so profiliert aus, weil die Entscheidung zugunsten eines Reiseziels notwendigerweise exkludierend ist, was bei anderen Kaufentscheidungen nicht der Fall ist. Diese Alleinstellung wird allerdings durch die Nivellierung aller anderen Aspekte des Reisens (Flugzeug, Bahn, Unterkunft, Gastronomie) wiederum infrage gestellt.

Durch Marketing und Kommunikation, insbesondere durch die visuelle Wiedergabe von Stimmungen und örtlichen Gegebenheiten, versuchen Destinationen, die Illusion der touristischen Einzigartigkeit aufrechtzuerhalten. Dabei reagieren sie auch auf die Übersättigung der touristischen Märkte (Eisenstein, 2018, S. 70):

„Die Informationen, die dem Nachfrager zu den Destinationen mittels einer multimedialen Kommunikation globalen Ausmaßes zur Verfügung gestellt werden, sind keineswegs widerspruchsfrei und in Anbetracht der Vielzahl von (…) werbenden Destinationen kann sich Überforderung und Verunsicherung aufgrund von Unübersichtlichkeit einstellen. Als Mittel der Komplexitätsreduktion bei Reisezielentscheidungen greifen Touristen deshalb häufig auf Images der Destinationen zurück. Bei diesen handelt es sich um bei den externen touristischen Zielgruppen verankerte wertende Vorstellungsbilder zu den Reisezielen."

Die Destination als Marke positioniert sich im Bewusstsein der relevanten Anspruchsgruppen über emotional aufgeladene Bildimpulse. Berücksichtigung finden, wahlweise oder vollständig, die Schönheit der Natur, die authentische Gastlichkeit der Menschen, die ästhetische Anregung durch kulturelle Relikte, die Entspannung durch guten Service, die Entschleunigung durch einen gemächlichen Lebensstil, der Komfort bei der Unterbringung und nicht zuletzt die kulinarischen nationalen, regionalen und lokalen Spezialitäten. Auch Shopping und Entertainment spielen eine wesentliche Rolle. Das Versprechen, dem Alltag zu entkommen, kann aber nur gehalten werden, wenn das psychologische Bedürfnis nach Abwechslung getroffen wird. Destinationsmarketing ist zielgerichtet und funktional. Gerade in seiner professionellen und kalkulierten Anwendung findet es Erfolg. Der Tourismusforscher Eisenstein bemerkt (Eisenstein, 2018, S. 86),

> „dass über eine Destinationsmarke ein Wettbewerbsvorteil aufgebaut werden kann. Verschiedene Rahmenbedingungen und Charakteristika der Destination führen jedoch dazu, dass die Destinationsmarkenführung eine besondere Herausforderung darstellt. (…) Eine erfolgreiche Destinationsmarke kann im Wettbewerb großen Nutzen stiften, ist jedoch (…) nur schwer aufzubauen. Für diejenigen Destinationen, die es aber trotz der vielfältig zu beachtenden Besonderheiten und Erfolgsbedingungen erreichen, eine Destinationsmarke zu kreieren, zu implementieren, über einen längeren Zeitraum weiterzuentwickeln und zu führen, wird diese einen besonders großen Wettbewerbsvorteil mit sich bringen können."

Die touristische Marke einer Urlaubsdestination entfaltet ihr Potenzial nur dann, wenn der geografische Ort als künstliches Image begriffen wird, den es ins Bewusstsein der Anspruchsgruppen zu übertragen gilt. Destinationsmarketing erweist sich damit als eine Spezialanwendung der klassischen Markenkommunikation.

7.3 Kunst und Markenführung

Bildende Kunst und Künstlertum gehören im soziologischen Segment der Hochkultur zu den auratischen Kulturphänomenen von höchster Strahlkraft. Wenige Objekte sind dabei so signifikant wie Bildwerke mit der Unterschrift oder Provenienz eines berühmten Meisters und Malergenies. Kunstwerke stehen für einen ästhetisch zum Ausdruck gebrachten Individualitäts- und Freiheitsbegriff (Szabo, 2009, S. 30)

> „Durch die Loslösung des Künstlers von mächtigen, das Werk bestimmenden Auftraggebern hin zu einer Autonomisierung der künstlerischen Produktion, für die der Künstler selbst die Verantwortung zu tragen hat, befreite er sich aus den engen Fesseln der Herrscher und Eliten, die ihm bis dato seinen Absatz garantierten."

Heute hingegen überträgt sich der Ruhm der Künstlerinnen und Künstler, wenn auch bloß partiell, auf diejenigen, die ihre Werke der Öffentlichkeit zugänglich machen. Immer häufiger werden Ausstellungen, Sammlungen und ganze Museumsbetriebe, inklusive Management der Liegenschaft, angeschlossenem

7.3 Kunst und Markenführung

Museumsshop und Gastronomie, nicht mehr von der öffentlichen Hand, sondern von Unternehmen, Unternehmerinnen und Unternehmern initiiert und unterhalten. Die Sammlungen und Museen tragen dabei nicht selten den Namen des Sponsors.

Was versprechen sich Unternehmen für ihre Marke von diesem Engagement in der Hochkultur? Der Kulturjournalist Hanno Rauterberg schreibt (Rauterberg, 2015, S. 108):

> „Gebraucht werden die Künstler oftmals als Reputationsbeschaffer und Bedeutungsgaranten. (…) Auch wenn sie sich längst von den Idealen des Authentischen, Einmaligen und Ewigen verabschiedet haben, werden ihnen just diese (…) zugeschrieben und gelten als besonders kostbar und begehrenswert. Es sind Ideale, die kein Konzern auf Zuruf erzeugen könnte. Daher möchten die Unternehmen sie nach Möglichkeit mit den Künstlern teilen, nicht zuletzt in der Hoffnung, auf diese Weise ihre eigenen Produkte mit Glaubwürdigkeit ausstatten zu können."

Der Volkswagenkonzern ist – direkt und indirekt – der Hauptsponsor der Wolfsburger Kunsthalle, die hauptsächlich zeitgenössische Kunst ausstellt. Zudem förderte Volkswagen die Ausstellung des italienischen Bildhauers Rembrandt Bugatti, der für seine Tierplastiken berühmt ist. Aber nicht das Engagement für einen Bildhauer der klassischen Moderne stand im Mittelpunkt, sondern die Tatsache, dass die italienische Sportwagenmarke Bugatti (gegründet von einem Bruder des Künstlers) zum Markenportfolio des Volkswagenkonzerns gehört. Der Glanz der Kunst lässt sich problemlos auf Marken übertragen. Rauterberg (2015, S. 113) bemerkt dazu kritisch, „wie eng Trivialisierung und Nobilitierung mittlerweile beieinander liegen".

Unternehmensmarken möchten vom Prestige der Kunst und einzelner Künstler profitieren. Die französische Luxusmarke Louis Vuitton kooperiert mit zeitgenössischen Künstlern wie Jeff Koons bei der Gestaltung ihrer Handtaschen. Das Unternehmen unterstützt aufwendige Ausstellungsvorhaben in Frankreich, Europa und weltweit, die private Kunstsammlung des CEO und Großaktionärs Bernhard Arnault ist längst vergleichbar mit den Exponaten großer Museen.

Das Engagement für Kunst und Künstler durch Unternehmen hat Effekte auf die Markenkommunikation. Künstlerische Zuschreibungen in trivialisierter Form wie „genial", „Meisterwerk", „einzigartig", „geheimnisvoll" oder auch „unbezahlbar", lassen sich hervorragend auf Markenobjekte und Produktreihen übertragen. Die Betonung des ästhetischen Reizes und der naheliegende Begriff des Schönen, beides Derivate aus der Kunsttheorie, sind ebenfalls auf Markenprodukte übertragbar, insbesondere in den Bereichen Luxus, Kosmetik und Mode.

Die bewusst inszenierte Nähe dieser Marken zur Welt der Kunst ist Ausdruck einer gewollten Kommunikationsstrategie. Die positive, zugleich stets geheimnisvolle und elitäre Aura der Kunst strahlt auf kommerzielle Marken und ihre Produkte ab, verleiht ihnen singulären Glanz und rechtfertigt nicht zuletzt einen deutlich überdurchschnittlichen Preis.

Die assoziative Verbindung zwischen dem singulären vermeintlich genialen, zumindest jedoch eindrucksvollen Kunstwerk und dem seriell hergestellten Markenprodukt ist das typische Beispiel einer erfolgreichen Attributverschiebung. Es ist ein Imagetransfer aus dem Bereich der Kunst in die kommerzielle Welt des Marketings, welcher ganz offensichtlich problemlos gelingt. Positiv besetzte Werte wie Authentizität, Singularität, Kreativität, aber auch Provokation und Avantgarde, lassen sich ebenfalls spielerisch aus der Kunstwelt in die Markenwelt übertragen. Seriell produzierte Waren wie etwa Markenhandtaschen, Markenschuhe oder einzelne Kleidungsstücke erlangen auf diese Weise den Status von ikonischen und fetischisierten Objekten. Diese im Letzten irrationale Übertragung ideeller Werte auf materielle Güter ist sowohl für Unternehmen als auch für Konsumenten auf jeweils unterschiedlichen Ebenen vorteilhaft. Den Markenunternehmen ermöglicht es eine kontinuierliche Hochpreispolitik mit entsprechend überdurchschnittlichen Umsatzrenditen. Den Konsumierenden verleiht das zu einem hohen Preis erworbene Objekt Sozialprestige, Status und psychologische Befriedigung.

Aus Sicht von Marken- und Luxusunternehmen eignen sich zudem Gesellschaftsereignisse rund um Vernissagen, Finissagen, Schenkungen und Kunstmessen ebenfalls hervorragend, um den persönlichen Kontakt zu wichtigen Anspruchsgruppen aus Wirtschaft, Kultur, Unterhaltungsindustrie, Medien und Politik zu pflegen. Auch diese Aktivitäten dienen dem ökonomischen Interesse des Unternehmens, ohne sie deswegen so benennen zu müssen.

Ökonomischer Erfolg spiegelt sich in der Pflege aufwendiger Sammlungen, Ankäufe und Schenkungen. Das Mäzenatentum hat auch im 21. Jahrhundert noch Konjunktur. Klassische Sammlungen wie die Fondation Beyeler in Basel, die Fondation Maeght in Saint-Paul-de-Vence, die Sammlung Ludwig in Köln oder die Sammlung Rosengart in Luzern zeugen nicht nur von Kunstverstand und ästhetischer Urteilskraft, sondern auch, vielleicht sogar in erster Linie, von kaufmännischem Geschick.

Allerdings gelingt der Transfer von Markenökonomie zu Ästhetik nicht immer reibungslos. Die US-amerikanische Unternehmerfamilie Sackler stiftete über Jahrzehnte im gesamten angelsächsischen Raum aufwendige Museumsbauten und kostspielige Ankäufe – mit Geldern, die durch ihre Firma Purdue durch die

Opioid-Krise verdient wurden, der hunderttausende US-Amerikaner zum Opfer fielen.

7.4 Das Individuum als Marke

Durch die Entkoppelung der Kommunikation von institutionellen Trägern (Medienunternehmen, Werbeagenturen, Auftragsunternehmen) ist der Selbstvermarktung des Individuums in sozialen Medien technisch keine Grenze mehr gesetzt. Auch sind die Markteintrittsbarrieren in die medialisierte Gegenwirklichkeit im Prinzip zur Gänze eliminiert. Die Digitalisierung macht es möglich, dass einzelne Personen selbst mit geringem Investment ihr eigenes Medium in Form eines Social-Media-Accounts gründen und pflegen können: Selbstvermarktung zum Nulltarif. Die Minimalanforderungen sind lediglich die Verfügbarkeit eines Smartphones sowie ein Internetanschluss. Der Aufstieg der sogenannten Influencer zu prominenten Zeitgeistphänomenen und dominanten Akteuren in den digitalen Arenen des Konsumismus (Nyomen & Schmitt, 2021) ist eng mit dieser Demokratisierung und Popularisierung der Medien verbunden.

Soziale Medien wie Instagram, TikTok, Pinterest, X (vormals Twitter), WhatsApp und Facebook machen es sowohl für Unternehmen als auch für Individuen möglich, innerhalb kurzer Zeit enorm hohe Reichweiten zu erzielen. Der persönliche Kontakt zu mehreren Millionen Followern macht Influencer attraktiv als Werbepartner von Dienstleistungs- und produzierenden Unternehmen. Influencer im Bereich Fashion und Lifestyle erreichen einen nationalen und internationalen Bekanntheitsgrad, der bislang nur Sport- und Popstars, Supermodels oder Royals vorbehalten war. Hier haben sich enorme kommerzielle Opportunitäten für geschickte Selbstvermarkter eröffnet (Nyomen & Schmitt, 2021). Die globale Präsenz von prominenten Einzelpersonen, vor allem im Bereich Sport, Fashion und Entertainment (Athleten, Models, Musiker und Schauspieler) übersteigt mittlerweile die Sichtbarkeit von Marken und Unternehmen. US-Amerikanische Musikerinnen nehmen direkt und indirekt Einfluss auf den Ausgang von politischen Wahlen; Influencer haben einen direkten Impact auf die wirtschaftliche Entwicklung von Einzelunternehmen (z. B. Restaurants) oder Destinationen (Hotels, Städte, Regionen).

Was im Großen gilt, ist selbstverständlich auch im Kleinen zu beobachten. Jedes Selfie in einem Restaurant, während eines Städtetrip oder vor einem Naturschauspiel dient der Selbstdarstellung und -vermarktung im Freundes- und Bekanntenkreis. Die Tendenz zur Selbstentblößung findet ihr Gegenstück im Voyeurismus der Follower.

Im Bereich Fashion und Lifestyle haben Influencerinnen und Influencer die mediale Oligopolstellung der Fachmedien (z. B. *Vogue, Esquire, Vanity Fair, Sports Illustrated* etc.) längst aufgebrochen. Modemarken erreichen durch Kooperationen mit den digital vernetzten Influencerinnen eine wesentlich höhere öffentliche Präsenz, als es die klassischen Medien zu leisten imstande wären. Nicht die Chefredakteurinnen der Zeitschriften, sondern die unabhängigen Influencerinnen und Influencer des Lifestyle-Universums sind die privilegierten Multiplikatoren der Modemarken. Das gilt insbesondere für das Premium- und Luxussegment mit seinen überdurchschnittlich hohen Profitmargen.

Die Entwicklung zur Medialisierung des Individuums ist historisch neu. Aus ökonomischer Sicht birgt sie große Potenziale für Individuen, sofern sie an die Spitze der öffentlichen Bekanntheit gelangen – eine Position, die jedoch nur wenige erreichen. Die „Ökonomie der Aufmerksamkeit" (Franck, 2007; Honneth, 2008) ist unerbittlich und belohnt nur diejenigen, die höchste Bekanntheit und höchste Popularität vereinen. Die Internet-Ökonomie ist auch bei der Selbstvermarktung des Individuums ein „Winner-takes-all"-Markt, bei dem die meisten Konkurrenten leer ausgehen.

Gerade weil die gesamte Aufmerksamkeit einer einzelnen Person gilt, ist Influencer-Marketing anfällig für Krisen und Reputationsverluste. Skandale um Geschäftsgebaren, politische Gesinnung oder Persönlichkeitsentwicklung bekannter Influencerinnen und Influencer machen deutlich, wie schnell und unwiderruflich Popularität, Sympathie und Akzeptanz verloren gehen können. Daher gehen auch Unternehmen ein hohes Risiko ein, wenn sie ausschließlich auf Influencer-Marketing setzen.

Dennoch, gerade weil in komplexen und hochtechnisierten Gesellschaften viele soziale Abläufe unpersönlich, intransparent und anonym gestaltet sind, ist die Sehnsucht nach greifbaren menschlichen Persönlichkeiten stark gestiegen. Diese dienen als kollektive Projektionsfläche für die unerschlossenen Potenziale individueller Existenz. Im vermeintlichen Ruhm der Wenigen spiegeln sich die unerfüllten Aspirationen der vielen. Oftmals werden dabei verschiedene Kompetenzebenen verknüpft. Ein erfolgreicher Athlet, der durch die Sportberichterstattung als Spieler international bekannt ist, eignet sich hervorragend als Testimonial für Produkte – und ist gleichermaßen in der Lage, eigene Konsumprodukte über soziale Medien zu vertreiben. Das Individuum wird auf diese Weise selbst zu einer holistischen Marke. Dieser Trend läuft parallel zur fortschreitenden Ökonomisierung kapitalistischer Gesellschaften. Der Universalismus digitaler Medien führt zu einer Globalisierung der Popularität. Ein Ende dieser Entwicklung ist nicht abzusehen.

Parallel zur Selbstvermarktung des Individuums entstand ein historisch junges Phänomen, die sogenannte „parasoziale Interaktion" (Horton & Wohl, 1956; Schweiger & Zichy, 2023). Dabei handelt es sich um die einseitige und unerwiderte Beziehung zu einer Medienpersönlichkeit, zu der keinerlei direkter Kontakt besteht. Der Rezipient und Konsument projiziert seine Bedürfnisse und Emotionen auf die Medienfigur, die zugleich nahbar und unerreichbar erscheint. Der Konsum von medialisierten Inhalten und Kaufangeboten ist die einzige Möglichkeit, um diesem Beziehungsbedürfnis Ausdruck zu verleihen. Die Problematik dieser Interaktion liegt in ihrer radikalen Einseitigkeit. Die Vermarktung des Individuums als Marke führt in letzter Konsequenz zu einer vollständigen Ökonomisierung zwischenmenschlicher Beziehungen (Illouz, 2006). Bindungen werden vergleichbar und dadurch einer rigiden Vorteilsbetrachtung unterworfen. Quantifizierbarkeit scheint wichtiger als emotionale Unvergleichbarkeit. „Parasoziale Interaktion" beruht zuletzt auf einer Fehlinterpretation der Machtverhältnisse in der Internetökonomie.

7.5 Authentizität und Nachhaltigkeit: ethische Aspekte der Markenführung und -kommunikation

Markenkommunikation vollzieht sich nicht in einem gesellschaftlichen Vakuum. Unternehmen reagieren sensibel auf politische und gesellschaftliche Trends und den Wandel kollektiver Werte. Ideologie und Opportunismus, Innovation und Marktanpassung sind dabei nicht immer trennscharf voneinander zu unterscheiden.

Seit etlichen Jahren bereits experimentieren Politik und Gesellschaft ohne größeren Erfolg an der Eindämmung der Kollateralschäden der sich weiterhin ausdehnenden Konsumgesellschaft. Die hierfür entwickelten Konzepte tragen zumeist das Wort „Nachhaltigkeit" (*Sustainability*) im Titel – ein ursprünglich aus der Waldwirtschaft stammender Begriff, der seit der Jahrtausendwende von Gesellschaft, Politik und Wirtschaft aufgegriffen wurde. Der Anspruch auf Nachhaltigkeit, auch als Forderung von Umweltverbänden und Verbrauchern, ist ein Globalphänomen, stößt aber auch auf Grenzen.

Wie reagieren Unternehmen auf die unaufgelöste Diskrepanz zwischen Konsum, Komfort, Convenience auf der einen Seite, und ökologischer Verheerung auf der anderen Seite? Die Limitationen einer in sich widersprüchlichen Position sind offensichtlich. Profitorientiertes Handeln und ökologische Trendwende liegen nicht notwendigerweise auf einer Linie. Dies führt zu einem Paradox der Glaubwürdigkeit. Während in der Unternehmenskommunikation Nachhaltigkeit und Umweltschutz eine prominente Rolle spielen, ergibt die tatsächliche Ökobilanz von Industrie und Gesellschaft, Unternehmen und Konsumenten ein völlig anderes Bild. Die Konsumgesellschaften der westlichen Welt sind weder infrastrukturell noch ordnungspolitisch in der Lage, das eigene Wirtschaftsmodell ökologisch zu revolutionieren. Vordergründig mündet das

> „Umdenken in der Unternehmensführung in Konzepten wie ‚Ethical Marketing', ‚Sustainability Marketing' und ‚Sustainable Branding', die ein wachsendes Interesse finden. Eine nachhaltigkeitsorientierte Markenführung bietet die Möglichkeit, den Trend glaubwürdig in Unternehmen zu implementieren. Herausfordernd bleibt dabei, auf die ambivalenten Marktbedürfnisse zu reagieren. So steigt zwar das Bewusstsein der Konsumenten für eine nachhaltige Produktion, gleichzeitig ist der Trend zu Fast-Fashion an den Erfolgen von Primark oder H&M unverkennbar." (Bauer & Schunk, 2016, S. 369)

Der Kausalität von Konsumgesellschaft und der globalen ökologischen Krise können sich auch Unternehmen nicht dauerhaft verschließen. Es gibt wohl mittlerweile kein namhaftes Unternehmen, welches sich nicht – zumindest symbolisch – mit Fragen der Nachhaltigkeit, des Recyclings, der Müllvermeidung, der Wassereinsparung oder generell der Umweltfreundlichkeit beschäftigt und hierzu eindeutig Position bezogen hätte (Bauer & Schunk, 2016, S. 369):

> „Nachhaltigkeit ist einer der viel diskutierten Trends der letzten Jahre. Kaum ein Bereich ist davon ausgenommen. Nachhaltigkeit betrifft die Gesellschaft, Wirtschaft und Politik gleichermaßen. Die Thematik tangiert dabei sowohl Industrieländer als auch Schwellen- und Entwicklungsländer, die ihre Verantwortung in den Bereichen Klimaschutz, Umweltschutz und soziale Standards mit dem Streben nach Wirtschaftswachstum vereinbaren müssen."

Schon allein aus Gründen des Markenimages und um negative Kaufentscheidungen zu vermeiden, ist es für Unternehmen geradezu eine Pflicht, ein affirmatives Bekenntnis zu Umweltfragen abzulegen. Gibt es eigentlich noch Marken, die (zumindest in ihrer Selbstdarstellung) nicht bereits nachhaltig wären? Ein überzeugendes Markenimage ohne soziale oder ökologische Nachhaltigkeit ist in der stark medialisierten Gesellschaft der Gegenwart fast schon undenkbar geworden. Dennoch bleiben die ökologischen und sozialen Parameter im globalen Maßstab gleichbleibend katastrophal.

Durch den permanenten medialen Druck stehen auch Unternehmen unter Handlungs- und Kommunikationszwang. Konsumierende achten stärker auf Provenienz, Herstellungsweise und Distributionswege der Produkte. Das kritische

7.5 Authentizität und Nachhaltigkeit ...

Bewusstsein der Verbraucher lässt sich nur durch überzeugende Initiativen besänftigen. Unternehmen, die den Begriff der Verantwortung für sich ablehnen, laufen Gefahr, ihr Image zu ruinieren. Ein empirischer Nachweis, dass sich – im globalen Maßstab – nachhaltige Produktionsweisen durchsetzen würden, fehlt jedoch.

Selbstverständlich werden taktische und strategische Entscheidungen in Marketing und Kommunikation der Unternehmen die ökologische Misere keineswegs abmildern, im Gegenteil. Schon heute steht der Vorwurf des Greenwashings im Raum – Unternehmen würden nicht aus ethischer Überzeugung, sondern allein aus opportunistischen Erwägungen ihren Marken einige ökologische oder soziale Nachhaltigkeitsattribute hinzufügen.

Die Legitimationskrise der Konsumgesellschaft schlägt damit auch auf die Unternehmens- und Markenkommunikation zurück, die das Modell der Konsumgesellschaft geradezu verkörpert. Das moralische Dilemma zwischen nachhaltigen ökologischen und sozialen Zielen und der ökonomischen Logik der Markenkommunikation lässt sich auf der Ebene einer wettbewerbs- und wachstumsorientierten Wirtschaft nicht lösen. Es bleibt als Grundspannung und systemischer Widerspruch zwischen Wirtschaft und Gesellschaft bestehen und wird zunehmend von den Akteuren beider Seiten auch so interpretiert. Wirtschafts- und Gesellschaftsinteressen artikulieren unmissverständlich diesen Antagonismus, der in Zukunft an Härte zunehmen wird.

Zusammenfassung Kap. 7
Die fortschreitende Ökonomisierung aller Lebens- und Gesellschaftsbereiche führt zu ausgedehnten neuen Anwendungsmöglichkeiten des Markenbegriffs. Auch Länder und Nationen präsentieren sich nun nach innen und außen als Marken mit konkreten Leistungsversprechen (sogenanntes Nation Branding).

Destinationsmarketing versucht, Regionen als Reiseziele zu positionieren. Auch hierbei werden Methoden und Instrumente der klassischen Markenkommunikation verwendet. Prägnante Aspekte des Reiseziels werden in den Mittelpunkt der Kommunikation gerückt und unterschiedliche Anspruchsgruppen mit konkreten Leistungsversprechen medial stimuliert. Destinationsmarketing und Nation Branding sind Impulskommunikation.

Das Feld der Kunst ist längst Teil des Betätigungsgebietes der Markenkommunikation geworden. Die positive, fast mythische Aura der Kunst ist nicht auf einen einzelnen Künstler, eine Sammlung, ein einzelnes Kunstwerk oder eine Ausstellung beschränkt. Die ästhetische Aura lässt sich hervorragend auf Unternehmen, Marken und Produkte übertragen. Dadurch werden diese qualitativ aufgewertet und erlangen den höchsten symbolische kulturellen Nimbus (oder kommen ihm zumindest näher), nämlich den der Kunst. Dieser Nimbus wiederum kann, mit den Mitteln klassischer Markenkommunikation, in einen ökonomischen Mehrwert umgestaltet werden.

Die Digitalisierung geht mit dem globalen Aufstieg der Influencer einher, die sich gegenüber der Öffentlichkeit, insbesondere jedoch gegenüber ihren Followern, als unverwechselbares Individuum – als eine persönliche Marke – präsentieren. Individuum und Medium verschmelzen also im digitalen Raum zu einer Einheit. Influencerinnen und Influencer erreichen zum Teil einen Bekanntheitsgrad und Popularitätsstatus, der sich mit dem von Weltmarken durchaus vergleichen lässt. Sie werden zu Markenbotschaftern ihrer selbst.

Zuletzt werfen die Selbstwidersprüche von Ökonomie und Ökologie, Konsum und Zerstörung, Ressourcenverschwendung und wirtschaftlichen Mangelerscheinungen auch grundsätzliche ethische Fragen auf. Unternehmenskommunikation versucht – ohne bislang auf diesem Gebiet eine besonders hohe Glaubwürdigkeit erreicht zu haben –, diese Widersprüche durch Nachhaltigkeitskonzepte aufzuheben. Diese Anstrengungen werden in Zukunft gewiss noch weiter intensiviert.

Literatur

Anderson, B. (2006). *Imagined Communities. Reflections on the Origin and Spread of Nationalism*. Verso.
Bauer, L., & Schunk, H. (2016). Markenführung und Nachhaltigkeit in der Textilindustrie. *Umweltwirtschaftsforum (uwf), 24*, 369–382.
Comité Colbert. (2023). https://www.comitecolbert.com/en/. Zugegriffen: 15. Dez. 2023.
Dinnie, K. (2008). (Hrsg.). *Nation branding. Concepts, issues, practice*. Elsevier.
Eitel, M., & Spiekerman, M. (o. J.). Place Branding in der Praxis: Nation Branding – San Marino auf dem Weg zur Marke. http://www.identitylab.de/Publikationen/nb_begriff.pdf. Zugegriffen: 4. Jan. 2024.
Eisenstein, B. (2018). Markenführung von Destinationen – Zwischen ökonomischem Nutzen, sozialer Konstruktion und Machbarkeit. *ZfTW (Zeitschrift für Tourismuswirtschaft), 10*(1), 67–95.
Esch, F.-R. (2012). Marke und Markendehnung. In F. Langenscheidt (Hrsg.), *Marke10. 10 Themen, 10 Experten, 10 Seiten* (S. 31–40). Deutsche Standards Editionen.
Franck, G. (2007). *Ökonomie der Aufmerksamkeit. Ein Entwurf*. dtv.
Honneth, A. (2008). *Kampf um Anerkennung. Zur moralischen Grammatik sozialer Konflikte*. Suhrkamp.
Horton, D., & Wohl, R. R. (1956). Mass communication and para-social interaction. *Psychiatry, 19*(3), 215–229. https://doi.org/10.1080/00332747.1956.11023049
Illouz, E. (2006). *Gefühle in Zeiten des Kapitalismus. Adorno-Vorlesungen*. Suhrkamp.
Land der Ideen. (2023). Website. https://land-der-ideen.de/. Zugegriffen: 16. Febr. 2024.

Nyomen, O., & Schmitt, W. M. (2021). *Influencer. Die Ideologie der Werbekörper.* Suhrkamp.

Pietzcker, D., & Vaih-Baur, C. (Hrsg.). (2020). *Ökonomische und soziologische Tourismustrends. Strategien und Konzepte im globalen Destinationsmarketing.* Springer Gabler.

Rauterberg, H. (2015). *Die Kunst und das gute Leben. Über die Ethik in der Ästhetik.* Suhrkamp.

Schweiger, G., & Zichy, M. (Hrsg.). (2023). *Zwischenmenschliche Beziehungen im Zeitalter des Digitalen. Ethische und interdisziplinäre Perspektiven.* Metzler.

Szabo, S. (Hrsg.). (2009). *Brand Studies. Marken im Diskurs der Cultural Studies.* Tectum.

Szarek, D. (2006). Globales Marketing. https://www.dw.com/de/nation-branding-der-staat-als-marke/a-2178556. Zugegriffen: 19. Jan. 2024.

Victorin, C., Gienow-Hecht, J. C., Estner, A., & Will, M. (Hrsg.). (2018). *Nation branding in modern history. Explorations in culture and international history, 9.* Berghahn.

Spezielle Anwendungen des Markenbegriffs

8

8.1 Fazit

In den globalen Konsumgesellschaften der Gegenwart spielen Unternehmensmarken und Markenprodukte eine wesentliche Rolle bei Kaufentscheidungen der Konsumierenden. Vordergründig ist es die wichtigste Aufgabe der Markenkommunikation, die Marktrelevanz von Produkten, Dienstleistungen und Unternehmen zu gewährleisten. Dabei sind neben der rechtlichen Rahmengestaltung vor allem ökonomische, soziologische und psychologische Aspekte zu berücksichtigen. Moderne Markenführung stellt die Bedürfnisse der Marktteilnehmer (Stakeholder, potenzielle Kunden, Konsumenten) in den Mittelpunkt ihrer Überlegungen und Planungen. Auch sozioökonomische Faktoren sind für den Erfolg einer Marke ausschlaggebend. Bedeutend für die Markenführung ist die psychologische Grunderkenntnis, dass Markenbilder letztlich Vorstellungswerte rein subjektiver Art repräsentieren – sie sind „Bilder in den Köpfen der Verbraucher" (Esch, 2012), dadurch ausschließlich immaterieller Natur. Paradoxerweise repräsentiert die Immaterialität der Marke einen hohen finanziellen Gegenwert: Markenprodukte erzielen einen höheren Preis als gleichwertige Produkte ohne Markenkennung. Auch diesen Aspekt hat erfolgreiche Markenführung zu berücksichtigen und konzeptionell zu implementieren.

Produkte und Marken bewegen sich in einem wandelbaren gesellschaftlichen Umfeld und müssen sich permanent an dieses anpassen. Zugleich jedoch sind spezifische Kernelemente der Markenkommunikation (Logo, Slogan, Corporate Design) beizubehalten, um eine wiedererkennbare Positionierung im Wettbewerb der Anbieter beizubehalten. Die Wahl des angemessenen Mediums für das entsprechende Produkt ist dabei von ausschlaggebender Bedeutung. Digitale Plattformen und soziale Medien eröffnen Unternehmen neue Möglichkeiten des

Dialogs und der Emotionalisierung. Analoge Kommunikationsformen werden im Einzelfall beibehalten.

Das Vertrauen in die Marke ruht auf zwei Faktoren: (1) auf der Qualität des Produktes und (2) auf der Kontinuität der Kommunikation. Beides ist durch erfolgreiche Markenführung zu berücksichtigen, zu stärken und in der richtigen Balance zu halten. Nicht nur müssen technologische Neuerungen eingeführt werden, sondern auch die Metamorphose des Zeitgeistes muss beobachtet werden. Trends und Meinungsumschwünge spielen eine enorme Rolle für den Markenerfolg.

Typischerweise gelten Markenprodukte als Anwendungsgebiet der Markenkommunikation. Aber auch Unternehmen positionieren sich im Wettbewerb um Marktanteile und Talente zu nehmend als eigene Marken, eben als Unternehmensmarken. Sie profilieren sich dabei als Arbeitgeber (sogenannte „Employer Brand") und als Ansprechpartner für Lieferanten und Auftraggeber. Die Business-to-Business-Kommunikation (B-to-B) ist ein klassisches Anwendungsgebiet der Unternehmenskommunikation.

Markenprodukte werden zumeist mit Kommunikationsmaßnahmen in Marketing und Werbung in Verbindung gebracht. Vollkommen zu Recht, denn die Vorstellungsbilder eines Markenproduktes sind das genuine Resultat von medial vermittelten werblichen Impulsen. Das „Bild der Marke" ist ein künstlich erschaffenes und kontinuierlich aufrechterhaltenes Konstrukt im Bewusstsein der Anspruchsgruppen. Dies wird insbesondere bei Luxusprodukten deutlich, die den hohen Preis nicht durch objektive Qualität – über diese verfügen auch andere Marktteilnehmer! –, sondern durch eine hochgradig ästhetisierte Kommunikation und Warenpräsentation rechtfertigen. Denn auf diese Weise wird jenes Vorstellungsbild im Bewusstsein der Konsumenten evoziert, welches Luxusprodukte als besonders begehrenswert und exklusiv erscheinen lassen.

Im Kern baut die Markenkommunikation auf den Erkenntnissen der angewandten Sozialwissenschaften auf, Empirie und Psychologie, also der äußeren (gesellschaftlichen) und der inneren (psychischen) Repräsentation von sozialer Realität. Markenkommunikation ist die Begleitung und Lenkung der sozialen Praxis des Konsums in all seinen schillernden, aber auch problematischen Aspekten.

Markenmodelle und Markenkommunikation spielen in den Konsumgesellschaften des 21. Jahrhunderts eine wichtige wirtschaftliche Rolle. Verbraucherinnen und Verbraucher möchten wissen, welche Werte und Inhalte eine Marke repräsentiert. Die Frage der Identität ist eben nicht nur eine psychologische, sondern auch eine ökonomische. Diese transparent zu gestalten, und dadurch attraktiv für Marktteilnehmer zu bleiben, ist Aufgabe der Markenkommunikation.

8.1 Fazit

Digitalisierung und Globalisierung haben die Notwendigkeit, den Druck und die Geschwindigkeit von Veränderungen stark erhöht. Dennoch bleiben tradierte Strukturen und Modelle der Markenführung und -kommunikation erhalten und sind in der praktischen Anwendung weiterhin relevant und richtungsweisend. Klar definierte Markenhierarchien, strukturierte Information durch integrierte Unternehmenskommunikation und die grundlegende Vorstellung einer Innen- und Außenperspektive von Produkten und Marken – all diese Modelle des klassischen Marketings sind auch unter dem Vorzeichen des Digitalen gültig und anwendbar.

Die Wiedererkennbarkeit von Markenprodukten wird durch ihr Design gewährleistet. Ästhetik und Funktionalität spielen auch bei der Verpackung eine dominante Rolle. Der Point of Sale als klassischer Ort der Markeninszenierung ist durch den Onlinehandel zwar massiv unter Druck geraten, kann aber als einziger den Erlebnischarakter der Marke multisensuell inszenieren. Für die erfolgreiche Steuerung und Ausgestaltung der Markenkommunikation sind Erkenntnisse der empirischen Marktforschung über Verbrauchereinstellungen und -haltungen wichtig. Für disruptive Kommunikationsformen und Geschäftsmodelle sind allerdings auch Intuition und Risikobereitschaft vonnöten.

Die digitale Medialisierung der Kommunikation ist momentan die größte Herausforderung des Marketings und der Markenführung. Die Digitalisierung favorisiert dialogische Kommunikationsformate, sie minimiert Reaktionsspielräume und erhöht generell Reichweite, Impact, Frequenz und Geschwindigkeit der Kommunikation. Das Bedürfnis der Unternehmen, Kontrolle über die Kommunikation zu behalten, ist zwar gleichbleibend hoch, aber immer schwieriger durchzusetzen.

Die sozialen Medien machen es möglich, dass auch Einzelpersonen zu Medienphänomenen aufsteigen. Erfolgreiche Influencerinnen und Influencer erreichen mittlerweile mehr Menschen als klassische Medien (Print, TV, Film etc.). Die Individualisierung der Kommunikation ist eine Herausforderung für Unternehmen. Institutionelle Absender sind deutlich weniger populär als personalisierte Selbstinszenierungen. Sichtweisen und Akzeptanz durch die Rezipienten sind entscheidend – nicht die Marketingkonzepte aus der Schublade, die vermeintlich dem Unternehmensinteresse dienen, ohne disruptive Markttendenzen zu berücksichtigen.

Die Diversifizierung der Märkte und die globale Ausdifferenzierung des Konsumverhaltens führen auch zu neuen Anwendungen des Markenbegriffs. Nicht nur Produkte oder Dienstleistungen, auch Nationen und touristische Destinationen präsentieren sich als Marken mit singulärem Versprechen gegenüber definierten Zielgruppen. Unternehmen entdecken Kunst und Künstler als Markenbotschafter – umgekehrt vermarkten sich auch Künstler immer stärker als Marken des eigenen Talents und Stils. Die Kommerzialisierung aller Gesellschaftsphänomene und ihrer vielfältigsten Artefakte ist in vollem Gange. Dies führt zu einer Ausdehnung von Markenbegriff und Marketingpraktiken auf sämtliche gesellschaftliche Felder und individuelle Verhaltensweisen.

Gleichwohl wird immer deutlicher, dass Richtung und Grundtendenz der Konsumgesellschaft mit enormen sozialen und ökologischen Nebenwirkungen verbunden sind. Nachhaltigkeit ist der – wenig überzeugende – Versuch, die destruktiven Tendenzen des globalen Massenkonsums einzugrenzen. Hierbei spielen auch ethische Aspekte eine Rolle. Markenführung und -kommunikation muss sich also auch der eigenen ethischen Dimension bewusst sein und im Einzelfall eine Antwort auf die Ambivalenzen des Konsums finden.

Markenführung und Markenkommunikation lassen sich zuletzt nur als dynamische Prozesse begreifen und beschreiben, die sich permanent an neue technologische, gesellschaftliche, wirtschaftliche und kulturelle Entwicklungen anpasst. Diese Adaption wiederum ist ein weiteres Gestaltungselement und manchmal sogar Motor der Veränderung.

Literatur

Esch, F.-R. (2012). Marke und Markendehnung. In F. Langenscheidt (Hrsg.), *Marke10. 10 Themen, 10 Experten, 10 Seiten* (S. 31–40). Deutsche Standards Editionen.

Weiterführende Literatur

Afshardoost, M., Sadegh Eshaghi, M., & Lay-Hwa Bowden, J. (2023). Internal brand management, brand understanding, employee brand commitment, and brand citizenship behavior: A meta-analysis. *Journal of Strategic Marketing, 31*(5), 983–1011. https://doi.org/10.1080/0965254X.2021.2016896.

Altagamma. (2023). Renaissance in uncertainty: Luxury builds on its rebound. https://altagamma.it/media/source/Summary%20Altagamma-Bain%20WW%20Monitor%202022.pdf. Zugegriffen: 29. Dez. 2023.

Altenburger, R., & Schmidpeter, R. (2021). *CSR und Künstliche Intelligenz.* Springer Gabler.

Anderson, B. (2006). *Imagined communities. Reflections on the origin and spread of nationalism.* Verso.

Arnold, B. (2006). *Markenwert und Markenidentität komplexer Handelsleistungen. Konzeption und Analyse am Beispiel der Betriebsformenmarke Warenhaus.* Gabler.

Arrington, D.W. (2022). The luxury, social media and E-commerce conundrum. How can luxury brands respond to the digital world and remain exclusive, aspirational, and alluring? In J. L. Folty & L. Petican (Hrsg.), *In fashion: Culture, commerce, craft, and identity* (S. 113–132). Brill.

Avenarius, H. (2008). *Public Relations – Die Grundform der gesellschaftlichen Kommunikation.* wbg.

Bachmann, D. (25. November 2023). Den Reichsten auf der Spur. *Neue Zürcher Zeitung (NZZ),* S. 20.

Baetzgen, A., & Tropp, J. (2013). *Brand Content. Die Marke als Medienereignis.* Schäffer Poeschel.

Balzer, A., Geilich, M., & Rafat, S. (2006). *Politik als Marke. Politikvermittlung zwischen Kommunikation und Inszenierung.* LIT.

Barthes, R. (1964). *Mythen des Alltags.* Suhrkamp.

Bauer, L., & Schunk, H. (2016). Markenführung und Nachhaltigkeit in der Textilindustrie. *Umweltwirtschaftsforum (uwf), 24*, 369–382.

Baumann, Z. (2009). *Leben als Konsum*. Hamburger Edition.

Baumgartner, E. (2009). *Brand Communities als neue Markenwelten. Wie Unternehmen Markennetzwerke initiieren, fördern und nutzen*. Redline.

Baumgarth, C. (2001). *Markenpolitik. Markenwirkungen – Markenführung – Markenforschung*. Gabler.

Beck, C. (2012). *Personalmarketing 2.0 – vom Employer Branding zum Recruiting*. Luchterhand Wolters Kluwer.

Becker, J.-M., Schnittka, O., & Völckner, F. (2014). Wertschöpfung durch Handelsmarken. In W. Reinartz & M. Käuferle (Hrsg.), *Wertschöpfung im Handel* (S. 84–101). Kohlhammer.

Beig, A. F., & Nika, F.A. (2019). Brand experience and brand equity. *Vision, 23*(4), 410–417. https://doi.org/10.1177/0972262919860963.

Birkigt, K., Stadler, M., & Funck, H. (2000). *Corporate Identity – Grundlagen, Funktionen, Fallbeispiele*. Verlag Moderne Industrie.

Bischof, R. (2008). *Event-Marketing. Emotionale Erlebniswelten schaffen – Zielgruppen nachhaltig binden*. Cornelsen Scriptor.

Bittlingmaier, T., & Schelenz, B. (Hrsg.). (2015). *Employer Reputation. Das Konzept „Arbeitgebermarke" neu denken*. Haufe.

Blackrock. (2021). Where we stand. https://www.blackrock.com/corporate/literature/publication/where-we-stand.pdf. Zugegriffen: 23. Nov. 2023.

Blinda, L. (2003). Relevanz der Markenherkunft für die identitätsbasierte Markenführung. LiM Arbeitspapiere, hrsg. v. C. Burmann. Universität Bremen, Lehrstuhl für Angewandte Betriebswirtschaftslehre. https://media.suub.uni-bremen.de/bitstream/elib/6196/3/LiM-AP-02-Markenherkunft.pdf. Zugegriffen: 29. Dez. 2023.

Bosch. (2021). Nachhaltigkeitsstrategie. https://www.bosch.com/de/unternehmen/nachhaltigkeit/umwelt/. Zugegriffen: 14. Okt. 2022.

Boos, M., Grubendorfer, C., & Mey, D. (2013). Hochschule als Marke. Stand der Diskussion und ein Konzept der Organisationsberatung. *OSC, 20*, 5–15. https://doi.org/10.1007/s11613-013-0307-3.

Bourdieu, P. (1984). *Die feinen Unterschiede*. Suhrkamp.

Brand Trust. (2023). Glossar. www.brand-trust.de. Zugegriffen: 21. Dez. 2023.

Breidenbach, T. (1998). *Targeting: Marken erfolgreich positionieren*. Metropolitan.

Britz, K. (2013). *Auf dem Weg zur Mitte. Bildung und Darstellung personaler Identität mit Produkten, Marken und digitalen Medien*. Logos Verlag.

Brondoni S.M. (2001). Brand policy and brand equity. *Symphonya. Emerging Issues in Management (symphonya.unimib.it), 1*, 5–25. https://doi.org/10.4468/2001.1.02brondoni.

Bruhn, M. (2008). Integrierte Kommunikation. In T. Schwarz & G. Braun (Hrsg.), *Leitfaden Integrierte Kommunikation* (S. 23–79). Absolit.

Bruhn, M. (Hrsg.). (1997). *Handelsmarken. Entwicklungstendenzen und Zukunftsperspektiven der Handelsmarkenpolitik*. Schäffer-Poeschel.

Burmann, C., & Piehler, R. (2013). Employer Branding vs. Internal Branding – Ein Vorschlag zur Integration im Rahmen der identitätsbasierten Markenführung. *Die Unternehmung, 67*(3), 223–245. https://doi.org/10.5771/0042-059X-2013-3-223.

Burmann, C., & Kanitz, C. (2012). Gestaltung der Markenarchitektur: Bewertungskriterien zur Entscheidungsbildung. *ZFP – Journal of Research and Management, 34*(3), 245–260.

Burmann, C., König, V., & Meurer, J. (2012). *Identitätsbasierte Luxusmarkenführung. Grundlagen – Strategien – Controlling.* Springer Gabler.

Buß, E. (2006). Unternehmensgeschichte und Markenhistorie. Die heimlichen Erfolgsfaktoren des Markenmanagements. In N. O. Herbrand & S. Röhrig (Hrsg.), *Die Bedeutung der Tradition für die Markenkommunikation. Konzepte und Instrumente zur ganzheitlichen Ausschöpfung des Erfolgspotenzials Markenhistorie* (S. 197–212). Edition Neues Fachwissen.

Comité Colbert. (2023). Website. https://www.comitecolbert.com/en/. Zugegriffen: 15. Dez. 2023.

Deichsel, A., & Schmidt, M. (Hrsg.). (2009). *Jahrbuch Markentechnik.* Deutscher Fachverlag.

Derakhshani, S. (2014). Branding equity capital. *The Journal of Private Equity, 17*(4), 9–19. https://www.jstor.org/stable/43503814. Zugegriffen: 12. Jan. 2024.

Dinnie, K. (Hrsg.). (2008). *Nation branding. concepts, issues, practice.* Elsevier.

Domizlaff, H. (1982). *Die Gewinnung des öffentlichen Vertrauens. Ein Lehrbuch der Markentechnik.* Marketing Journal.

Dru, J.-M. (2019). *Thank you for disrupting.* Wiley.

Eitel, M., & Spiekerman, M. (o. J.). Place Branding in der Praxis: Nation Branding – San Marino auf dem Weg zur Marke. http://www.identitylab.de/Publikationen/nb_begriff.pdf. Zugegriffen: 4. Jan. 2024.

Eilers, D. (2014). *Wirkung von Social Media auf Marken. Eine ganzheitliche Abbildung der Markenführung in Social Media.* Springer Gabler.

Eisenstein, B. (2018). Markenführung von Destinationen – Zwischen ökonomischem Nutzen, sozialer Konstruktion und Machbarkeit. *ZfTW (Zeitschrift für Tourismuswirtschaft), 10*(1), 67–95.

Engh, M. (2006). *Popstars als Marke. Identitätsorientiertes Markenmanagement für die musikindustrielle Künstlerentwicklung und -vermarktung.* Deutscher Universitätsverlag.

Esch, F.-R. (2012). *Strategie und Technik der Markenführung.* Vahlen.

Esch, F.-R., Baum, M., & Frisch, J. C. (2013). Aufbau von Markencommitment bei Mitarbeitern. *Die Unternehmung, 67*(3), 246–270.

Esch, F.-R., & Redler, J. (2005). Ankoringeffekte bei der Urteilsbildung gegenüber Markenallianzen. Die Bedeutung von Markenbekanntheit, Markenimage und Produktkategoriefit. *Marketing: ZFP – Journal of Research and Management, 27*(2), 79–97. https://www.jstor.org/stable/42746233. Zugegriffen: 6. Febr. 2024.

Feddersen, C. (2010). *Repositionierung von Marken. Ein agentenbasiertes Simulationsmodell zur Prognose der Wirkung von Repositionierungsstrategien.* Gabler.

Glausch D. (2017). Nachhaltigkeitskommunikation im Sprachvergleich. *Europäische Kulturen in der Wirtschaftskommunikation* (Bd. 26). Springer VS.

Gries, R. (2008). *Produktkommunikation. Geschichte und Theorie.* facultas.

Hinterhuber, H. H. (1991). Rezension des Bandes Strategische Markenführung. Planung und Realisierung von Marketingstrategien für eingeführte Produkte von G. Haedrich und T. Tomczak. *Marketing: ZFP – Journal of Research and Management, 13*(2), 133–134. https://www.jstor.org/stable/41913798.

Hommer, A. (2020). *Marke3 – Ein praktischer Leitfaden zum Markenaufbau.* Haufe.

Kaufmann, M. (15. Januar 2023). Federer soll die Chinesen zurückholen. *NZZ am Sonntag,* S. 25.

Klink, R. R. (2003). Creating meaningful brands: The relationship between brand name and brand mark. *Marketing Letters, 14*(3), 143–157. https://www.jstor.org/stable/40216495. Zugegriffen: 17. Febr. 2024.

Köhler, R., Majer, W., & Wiezorek, H. (Hrsg.). (2001). *Erfolgsfaktor Marke. Neue Strategien des Markenmanagements*. Vahlen.

Kornberger, M. (2011). *The making of brands*. Cambridge University Press.

Kühn, R. (1985). Strategische Marketingkonzepte – Notwendigkeit oder Luxus? *Die Unternehmung, 39*(4), 271–283.

Loken, B., Ahluwalia, R., & Houston, M. J. (2009). *Brands and brand management. Contemporary research perspectives*. Routledge.

Ma, J., Zhao, Y., & Mo, Z. (2023). Dynamic luxury advertising: Using lifestyle versus functional advertisements in different purchase stages. *Journal of Advertising, 52*(1), 39–56. https://doi.org/10.1080/00913367.2021.1951402.

MacInnis, D. J., & Park, C. W. (Hrsg.). (2015). *Brand meaning management*. Emarald Group.

Ogilvy, D. (1983). *On advertising*. Pan Books.

Parguel, B., Benoît-Moreau, F., & Larceneux, F. (2011). How sustainability ratings might deter "Greenwashing": A closer look at ethical corporate communication. *Journal of Business Ethics, 102*(1), 15–28.

Peters, J., & Simaens, A. (2020). Integrating sustainability into corporate strategy: A case study of the textile and clothing industry sustainability 2020, 12, 6125. www.mdpi.com/journal/sustainability. Zugegriffen: 10. Febr. 2024.

Pietzcker, D. (2016). *Kampagnen führen. Potenziale professioneller Kommunikation im digitalen Zeitalter*. Springer Gabler.

Pietzcker, D. (2011). *Kursbuch Werbetext und Kommunikation*. Cornelsen Skriptor.

Prüne, G. (2013). *Luxus und Nachhaltigkeit. Entwicklung strategischer Handlungsempfehlungen für das Luxusgütermarketing*. Springer VS.

Rushkoff, D. (2013). *Present Shock. Wenn alles jetzt passiert*. Orange Press.

Srivastava, E., Sivakumaran, B., Maheswarappa, S., & Paul, J. (2023). Nostalgia: A review, propositions, and future research agenda. *Journal of Advertising, 52*(4), 613–632. https://doi.org/10.1080/00913367.2022.2101036.

Tomfeah, A., & Haug, H. (Hrsg.). (2021). *Glaubwürdige Unternehmenskommunikation. Impulse für eine verantwortungs- und wirkungsvolle Praxis*. Springer Gabler.

Vollert, K. (1999). *Grundlagen des strategischen Marketings. Komparative Konkurrenzvorteile aufbauen und erhalten*. P.C.O.

Welling, M. (2006). *Ökonomik der Marke. Ein Beitrag zum Theorienpluralismus in der Markenforschung*. GWV Fachverlag.

Wieseke, J., Alavi, S., Habel, J., & Dörfer, S. (2013). Erfolgsstrategien im persönlichen Verkauf von Luxusmarken. *Marketing: ZFP – Journal of Research and Management, 35*(2), 131–143.

Wilkof, N. (2018). 'Strong' trade marks, 'strong' brands: What do we mean? *Journal of Intellectual Property Law & Practice, 13*(5), 341–342.

Zschiesche, A., & Errichiello, O. (2012). *Markenführung*. Gabal Verlag.

SPRINGER NATURE

GPSR Compliance

The European Union's (EU) General Product Safety Regulation (GPSR) is a set of rules that requires consumer products to be safe and our obligations to ensure this.

If you have any concerns about our products, you can contact us on ProductSafety@springernature.com

In case Publisher is established outside the EU, the EU authorized representative is:

Springer Nature Customer Service Center GmbH
Europaplatz 3
69115 Heidelberg, Germany

The manufacturer's authorised representative in the EU is Springer Nature Customer Service Centre GmbH, Europaplatz 3, 69115 Heidelberg, Germany. If you have any concerns regarding our products, please contact ProductSafety@springernature.com

Printed and bound by CPI Group (UK) Ltd, Croydon, CR0 4YY
23/03/2026
02076394-0009